Inhalt

■ Welche Leseschritte und Textlupen kennst du schon? Kreuze an.

Leseschritte	Textlupen

Leseschritte

 ○ Ich überlege, was im Text stehen könnte und schreibe meine Vermutungen auf.

 ○ Ich überfliege den Text und finde heraus, wovon der Text handelt.

 ○ Ich lese den Text und suche nach Wörtern, die mir unbekannt sind.

 ○ Ich kläre die Bedeutung unbekannter Wörter: nachschlagen, nachlesen oder nachfragen.

 ○ Ich lese den Text noch einmal und wähle Schlüsselwörter aus.

 ○ Ich fasse den Inhalt zusammen und nutze dafür die Schlüsselwörter.

 ○ Ich schätze die Leseschritte und den Text ein.

Textlupen

 ○ Ich sammle Ideen und schreibe sie auf Zettel.

Ich ordne meine Ideen. Was zusammengehört, schreibe ich zusammen auf.

 ○ Ich achte auf vollständige Sätze.

Ich benutze unterschiedliche Satzanfänge.

 ○ Ich wähle Verben aus, die genau beschreiben, was passiert.

Ich benutze Adjektive, die beschreiben, wie etwas aussieht oder sich anfühlt.

 ○ Ich finde eine Überschrift, die neugierig auf den Text macht.

Konfetti

LESETEXT:
Mein zehntes Seeabenteuer ▶ Seite 4 – 7 fertig am: _____

▶ Zum Lesen des Textes brauchst du den Lesebegleiter.

LESE-FITNESS ▶ Seite 8 – 10 fertig am: _____

TEXTLUPE: Planung ▶ Seite 11 – 14 fertig am: _____

TEXTE ORDNEN

▶ Karte Nr. _____

fertig am: _____

Lösungswort:

___ ___ ___ ___ ___ ___

TANDEM-LESEN

▶ Karte Nr. _____

fertig am: _____

Lesepartnerin / Lesepartner:

_____

▶ Zur Einschätzung brauchst du den Lesebegleiter.

GEDICHTE VORTRAGEN

▶ Karte Nr. _____

fertig am: _____

Zuhörerin / Zuhörer:

_____

LERNALBUM ▶ Seite 83

▶ Hast du außerdem noch etwas geschrieben, gelesen oder vorgetragen?

Trage es im Lernalbum ein.

Das kann ich schon! (L1) ☆ ☆ ☆ ☆ ☆   Das kann ich schon! (T1) ☆ ☆ ☆ ☆ ☆

_____   _____
Schülerin/Schüler   Lehrerin/Lehrer

Lies den Text mithilfe der Leseschritte im Lesebegleiter.
Wörter mit einem * werden im Glossar ab Seite 81 erklärt.

Mein zehntes Seeabenteuer

Ein entfernter Verwandter von mir, ein sehr wohlhabender Mann,
plante eine Expedition*. Es müsse, sagte er, ein Land geben,
dessen Einwohner Riesen seien. Er wolle dieses Land finden
und ich solle ihn begleiten. Wir fuhren also los und kamen bis an

5   die Südsee, ohne dass uns etwas Nennenswertes begegnet wäre.
Erst am achtzehnten Tage begannen die Abenteuer, und zwar mit
einem unheimlichen Orkan, der unser Schiff etwa tausend Meilen*
in die Luft hob. Dort oben in den Wolken segelten wir dann sechs
Wochen und einen Tag, bis wir ein großes Land entdeckten.

10 Es war rund und glänzend und ähnelte einer schimmernden Insel.
Wir gingen in einem Hafen vor Anker und unter uns sahen wir
mit Fernrohren die Erdkugel, winzig wie ein See. Die Insel, das
merkte ich bald, war der Mond.

Die Bewohner ritten auf dreiköpfigen Geiern durch die Luft, als

15 seien es Pferde. Da gerade Krieg war, und zwar mit der Sonne,
bot mir der Mondkönig eine Stelle als Soldat an. Ich lehnte
aber ab, als ich hörte, dass man statt Wurfspießen große weiße
Rettiche nähme und Pilze als Schilde.
So ein vegetarischer* Krieg, sagte ich, sei nichts für mich.

20 Die Mondbewohner heißen nicht Mondmenschen, sondern
„kochende Geschöpfe*", weil sie ihre Speisen genau wie wir
auf dem Herd zubereiten. Das Essen kostet sie wenig Zeit.
Sie öffnen einfach ihre linke Seite und schieben die Mahlzeit
direkt in den Magen. Das geschieht außerdem nur einmal im

25 Monat, also zwölfmal im Jahr. Auch sonst haben sie ein recht
bequemes Leben. Die Tiere, aber auch die kochenden Geschöpfe
selber, wachsen auf Bäumen in langen, nussähnlichen Früchten.
Man pflückt sie, wenn sie reif sind, lagert sie einige Zeit und wirft
sie schließlich in heißes Wasser. Nach ein paar Stunden springen

30 dann die fertigen Geschöpfe heraus.
Jedes Wesen ist schon von Geburt an auf seinen künftigen Beruf
vorbereitet, ob nun als Soldat, Professor, Pfarrer oder Bauer, und

Es war rund und glänzend und ähnelte einer schimmernden Insel.

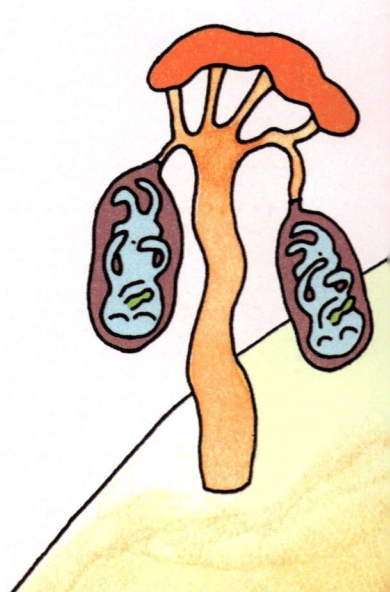

Konfetti

Lesebegleiter

Name: _____

Leseschritte

Titel des Textes:

_____

■ Wovon könnte der Text handeln?
Schreibe deine Vermutungen auf.

_____

_____

_____

■ Überfliege den Text.
Überprüfe deine Vermutung. Kreuze an.

Meine Vermutung stimmte:

○ zum größten Teil

○ ein bisschen

○ gar nicht

■ Lies den Text noch einmal genau.
Markiere Wörter, die du nicht kennst.
Schreibe die Wörter auf.

_____

_____

_____

Kläre die Bedeutung der unbekannten Wörter.
Schreibe die Bedeutung auf.

Bedeutung der
unbekannten
4 Wörter klären

_____

_____

_____

_____

_____

_____

_____

Lies den Text noch einmal.
Schreibe Schlüsselwörter zum Texte auf.
Vorschläge für die Schlüsselwörter findest du
in der Konfetti-Kiste.

Text lesen und
Schlüsselwörter
5 auswählen

_____

_____

_____

_____

_____

Leseschritte

Titel des Textes:

_____

■ Wovon könnte der Text handeln?
Schreibe deine Vermutungen auf.

1 Vermutungen zum Inhalt aufschreiben

_____

_____

_____

■ Überfliege den Text.
Überprüfe deine Vermutung. Kreuze an.

2 Text überfliegen und Vermutungen überprüfen

Meine Vermutung stimmte:

◯ zum größten Teil

◯ ein bisschen

◯ gar nicht

■ Lies den Text noch einmal genau.
Markiere Wörter, die du nicht kennst.
Schreibe die Wörter auf.

3 Text lesen und unbekannte Wörter suchen

_____

_____

_____

■ Kläre die Bedeutung der unbekannten Wörter.
Schreibe die Bedeutung auf.

Bedeutung der
unbekannten
4 Wörter klären

_____

_____

_____

_____

_____

_____

_____

■ Lies den Text noch einmal.
Schreibe Schlüsselwörter zum Texte auf.
Vorschläge für die Schlüsselwörter findest du
in der Konfetti-Kiste.

Text lesen und
Schlüsselwörter
5 auswählen

_____

_____

_____

_____

_____

Leseschritte

Titel des Textes:

_____

■ Wovon könnte der Text handeln?
  Schreibe deine Vermutungen auf.

  _____

  _____

  _____

Vermutungen zum Inhalt aufschreiben

■ Überfliege den Text.
  Überprüfe deine Vermutung. Kreuze an.

  Meine Vermutung stimmte:
  ○ zum größten Teil
  ○ ein bisschen
  ○ gar nicht

Text überfliegen und Vermutungen überprüfen

■ Lies den Text noch einmal genau.
  Markiere Wörter, die du nicht kennst.
  Schreibe die Wörter auf.

  _____

  _____

  _____

Text lesen und unbekannte Wörter suchen

4 Bedeutung der unbekannten Wörter klären

■ Kläre die Bedeutung der unbekannten Wörter.
Schreibe die Bedeutung auf.

_____

_____

_____

_____

_____

_____

_____

5 Text lesen und Schlüsselwörter auswählen

■ Lies den Text noch einmal.
Schreibe Schlüsselwörter zum Texte auf.
Vorschläge für die Schlüsselwörter findest du
in der Konfetti-Kiste.

_____

_____

_____

_____

_____

Leseschritte

Titel des Textes:

_____

■ Wovon könnte der Text handeln?
Schreibe deine Vermutungen auf.

_____

_____

_____

1 Vermutungen zum Inhalt aufschreiben

■ Überfliege den Text.
Überprüfe deine Vermutung. Kreuze an.

Meine Vermutung stimmte:

○ zum größten Teil

○ ein bisschen

○ gar nicht

2 Text überfliegen und Vermutungen überprüfen

■ Lies den Text noch einmal genau.
Markiere Wörter, die du nicht kennst.
Schreibe die Wörter auf.

_____

_____

_____

3 Text lesen und unbekannte Wörter suchen

4 Bedeutung der unbekannten Wörter klären

■ Kläre die Bedeutung der unbekannten Wörter.
Schreibe die Bedeutung auf.

_____

_____

_____

_____

_____

_____

_____

5 Text lesen und Schlüsselwörter auswählen

■ Lies den Text noch einmal.
Schreibe Schlüsselwörter zum Texte auf.
Vorschläge für die Schlüsselwörter findest du
in der Konfetti-Kiste.

_____

_____

_____

_____

_____

Leseschritte

Titel des Textes:

_____

■ Wovon könnte der Text handeln?
Schreibe deine Vermutungen auf.

_____

_____

_____

1 Vermutungen zum Inhalt aufschreiben

■ Überfliege den Text.
Überprüfe deine Vermutung. Kreuze an.

Meine Vermutung stimmte:

◯ zum größten Teil

◯ ein bisschen

◯ gar nicht

2 Text überfliegen und Vermutungen überprüfen

■ Lies den Text noch einmal genau.
Markiere Wörter, die du nicht kennst.
Schreibe die Wörter auf.

_____

_____

_____

3 Text lesen und unbekannte Wörter suchen

■ Kläre die Bedeutung der unbekannten Wörter.
Schreibe die Bedeutung auf.

Bedeutung der
unbekannten
4 Wörter klären

_____

_____

_____

_____

_____

_____

_____

■ Lies den Text noch einmal.
Schreibe Schlüsselwörter zum Texte auf.
Vorschläge für die Schlüsselwörter findest du
in der Konfetti-Kiste.

Text lesen und
Schlüsselwörter
5 auswählen

_____

_____

_____

_____

_____

Leseschritte

Titel des Textes:

_____

■ Wovon könnte der Text handeln?
Schreibe deine Vermutungen auf.

_____

_____

_____

■ Überfliege den Text.
Überprüfe deine Vermutung. Kreuze an.

Meine Vermutung stimmte:

◯ zum größten Teil

◯ ein bisschen

◯ gar nicht

■ Lies den Text noch einmal genau.
Markiere Wörter, die du nicht kennst.
Schreibe die Wörter auf.

_____

_____

_____

Kläre die Bedeutung der unbekannten Wörter.
Schreibe die Bedeutung auf.

Bedeutung der unbekannten Wörter klären

4

_____

_____

_____

_____

_____

_____

_____

Lies den Text noch einmal.
Schreibe Schlüsselwörter zum Texte auf.
Vorschläge für die Schlüsselwörter findest du
in der Konfetti-Kiste.

Text lesen und Schlüsselwörter auswählen

5

_____

_____

_____

_____

_____

Leseschritte

Titel des Textes:

_____

■ Wovon könnte der Text handeln?
Schreibe deine Vermutungen auf.

_____

_____

_____

Vermutungen zum Inhalt aufschreiben

■ Überfliege den Text.
Überprüfe deine Vermutung. Kreuze an.

Meine Vermutung stimmte:
○ zum größten Teil
○ ein bisschen
○ gar nicht

Text überfliegen und Vermutungen überprüfen

■ Lies den Text noch einmal genau.
Markiere Wörter, die du nicht kennst.
Schreibe die Wörter auf.

_____

_____

_____

Text lesen und unbekannte Wörter suchen

Kläre die Bedeutung der unbekannten Wörter.
Schreibe die Bedeutung auf.

4 Bedeutung der unbekannten Wörter klären

_____

_____

_____

_____

_____

_____

_____

Lies den Text noch einmal.
Schreibe Schlüsselwörter zum Texte auf.
Vorschläge für die Schlüsselwörter findest du
in der Konfetti-Kiste.

5 Text lesen und Schlüsselwörter auswählen

_____

_____

_____

_____

_____

LESEN IM TANDEM

■ **Lesepartner aussuchen**
Suche dir einen Lesepartner oder eine Lesepartnerin.
Er oder sie sollte etwas besser lesen können als du.

■ **Vorlesen und mitlesen**
Dein Partnerkind liest dir den Text leise vor.
Du liest still mit.

■ **Im Wechsel lesen**
Danach lest ihr den Text im Wechsel.
Dein Partnerkind liest die blau geschriebenen Textstellen vor.
Du liest die grün geschriebenen Textstellen vor.

■ **Textfarben tauschen**
Jetzt lest ihr den Text noch einmal, tauscht aber die Farben.
Du liest die blauen, dein Partnerkind die grünen Textstellen.

■ **Lesen bewerten**
Jetzt bewertet ihr beide, wie du gelesen hast.
Du bewertest im roten Kasten, wie du gelesen hast
Das Partnerkind bewertet dein Lesen im gelben Kasten.

5 Sterne: Das war perfekt gelesen.	★★★★★
4 Sterne: Das war meistens perfekt gelesen.	★★★★☆
3 Sterne: Es gab viele gute Stellen.	★★★☆☆
2 Sterne: Mehrere Stellen waren gut.	★★☆☆☆
1 Stern: Einzelne Stellen waren gut.	★☆☆☆☆

TANDEM-LESEN: So schätze ich mich ein.

Karte Nr.: _____   Datum: _____

Ich lese flüssig vor: ☆ ☆ ☆ ☆ ☆

Ich habe ein gutes Lesetempo:
nicht zu schnell und
nicht zu langsam.   ☆ ☆ ☆ ☆ ☆

Ich lese mit passender Betonung:
                                     ☆ ☆ ☆ ☆ ☆

TANDEM-LESEN: So schätzt mein Partnerkind mich ein.

Partnerkind: _____

Du liest flüssig vor: ☆ ☆ ☆ ☆ ☆

Du hast ein gutes Lesetempo:
nicht zu schnell und
nicht zu langsam.   ☆ ☆ ☆ ☆ ☆

Du liest mit passender Betonung:
                                     ☆ ☆ ☆ ☆ ☆

TANDEM-LESEN: So schätze ich mich ein.

Karte Nr.: _____   Datum: _____

Ich lese flüssig vor: ☆ ☆ ☆ ☆ ☆

Ich habe ein gutes Lesetempo:
nicht zu schnell und
nicht zu langsam.   ☆ ☆ ☆ ☆ ☆

Ich lese mit passender Betonung:
                                     ☆ ☆ ☆ ☆ ☆

TANDEM-LESEN: So schätzt mein Partnerkind mich ein.

Partnerkind: _____

Du liest flüssig vor: ☆ ☆ ☆ ☆ ☆

Du hast ein gutes Lesetempo:
nicht zu schnell und
nicht zu langsam.   ☆ ☆ ☆ ☆ ☆

Du liest mit passender Betonung:
                                     ☆ ☆ ☆ ☆ ☆

TANDEM-LESEN: So schätze ich mich ein.

Karte Nr.: _____   Datum: _____

Ich lese flüssig vor: ☆ ☆ ☆ ☆ ☆

Ich habe ein gutes Lesetempo:
nicht zu schnell und
nicht zu langsam.   ☆ ☆ ☆ ☆ ☆

Ich lese mit passender Betonung:
          ☆ ☆ ☆ ☆ ☆

TANDEM-LESEN: So schätzt mein Partnerkind mich ein.

Partnerkind: _____

Du liest flüssig vor: ☆ ☆ ☆ ☆ ☆

Du hast ein gutes Lesetempo:
nicht zu schnell und
nicht zu langsam.   ☆ ☆ ☆ ☆ ☆

Du liest mit passender Betonung:
          ☆ ☆ ☆ ☆ ☆

19

TANDEM-LESEN: So schätze ich mich ein.

Karte Nr.: _____   Datum: _____

Ich lese flüssig vor: ☆ ☆ ☆ ☆ ☆

Ich habe ein gutes Lesetempo:
nicht zu schnell und
nicht zu langsam.   ☆ ☆ ☆ ☆ ☆

Ich lese mit passender Betonung: ☆ ☆ ☆ ☆ ☆

TANDEM-LESEN: So schätzt mein Partnerkind mich ein.

Partnerkind: _____

Du liest flüssig vor: ☆ ☆ ☆ ☆ ☆

Du hast ein gutes Lesetempo:
nicht zu schnell und
nicht zu langsam.   ☆ ☆ ☆ ☆ ☆

Du liest mit passender Betonung: ☆ ☆ ☆ ☆ ☆

TANDEM-LESEN: So schätze ich mich ein.

Karte Nr.: _____   Datum: _____

Ich lese flüssig vor: ☆ ☆ ☆ ☆ ☆

Ich habe ein gutes Lesetempo:
nicht zu schnell und
nicht zu langsam. ☆ ☆ ☆ ☆ ☆

Ich lese mit passender Betonung: ☆ ☆ ☆ ☆ ☆

TANDEM-LESEN: So schätzt mein Partnerkind mich ein.

Partnerkind: _____

Du liest flüssig vor: ☆ ☆ ☆ ☆ ☆

Du hast ein gutes Lesetempo:
nicht zu schnell und
nicht zu langsam. ☆ ☆ ☆ ☆ ☆

Du liest mit passender Betonung: ☆ ☆ ☆ ☆ ☆

TANDEM-LESEN: So schätze ich mich ein.

Karte Nr.: _____   Datum: _____

Ich lese flüssig vor: ☆ ☆ ☆ ☆ ☆

Ich habe ein gutes Lesetempo:
nicht zu schnell und
nicht zu langsam.   ☆ ☆ ☆ ☆ ☆

Ich lese mit passender Betonung:
                                     ☆ ☆ ☆ ☆ ☆

TANDEM-LESEN: So schätzt mein Partnerkind mich ein.

Partnerkind: _____

Du liest flüssig vor: ☆ ☆ ☆ ☆ ☆

Du hast ein gutes Lesetempo:
nicht zu schnell und
nicht zu langsam.   ☆ ☆ ☆ ☆ ☆

Du liest mit passender Betonung:
                                     ☆ ☆ ☆ ☆ ☆

TANDEM-LESEN: So schätze ich mich ein.

Karte Nr.: _____   Datum: _____

Ich lese flüssig vor: ☆ ☆ ☆ ☆ ☆

Ich habe ein gutes Lesetempo:
nicht zu schnell und
nicht zu langsam.   ☆ ☆ ☆ ☆ ☆

Ich lese mit passender Betonung:
                                    ☆ ☆ ☆ ☆ ☆

TANDEM-LESEN: So schätzt mein Partnerkind mich ein.

Partnerkind: _____

Du liest flüssig vor: ☆ ☆ ☆ ☆ ☆

Du hast ein gutes Lesetempo:
nicht zu schnell und
nicht zu langsam.   ☆ ☆ ☆ ☆ ☆

Du liest mit passender Betonung:
                                    ☆ ☆ ☆ ☆ ☆

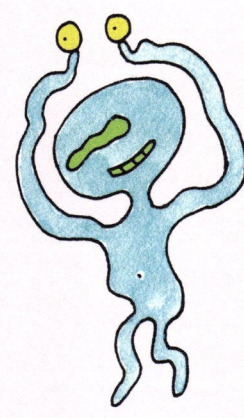

beginnt sofort nach der Geburt, den Beruf auszuüben.

Die Mondbewohner messen im Durchschnitt sechsunddreißig

35 Fuß*. Sie haben an jeder Hand nur einen Finger, tragen den Kopf
unter dem rechten Arm und lassen ihn, wenn sie auf Reisen sind
oder zur Arbeit gehen, normalerweise zu Hause. Sie können es
aber auch umgekehrt machen, den Kopf fortschicken und den
Körper daheim lassen.

40 Die Augen können sie in die Hand nehmen und dann damit
genauso gut sehen, als hätten sie die Augen im Kopfe.

Wenn sie eins verlieren, macht das nichts. Man kann sich ein
neues Auge in Spezialgeschäften kaufen, in jeder Farbe und
gar nicht teuer. Als ich auf dem Mond war, waren gerade gelbe

45 Augen in Mode.

Ehe ich es vergesse: Der Bauch dient als Rucksack und Hand-
tasche. Sie stecken alles, was sie mitnehmen, in ihn hinein
wie in einen Schulranzen und können ihn nach Belieben auf-
und zumachen. Und wenn sie alt geworden sind, so sterben

50 sie nicht, sondern lösen sich in Luft auf und verfliegen wie
Rauch über dem Dach.

Ich muss zugeben, dass das alles recht seltsam klingen mag.
Aber es hat trotzdem seine Richtigkeit, und wer aber auch nur
die geringsten Zweifel daran hat, braucht nur auf den Mond zu
reisen und meine Angaben nachprüfen. Faustdicke Lügen
aufzutischen war mir mein Leben lang verhasst. Ich kann´s nicht
ändern. So und nun will ich einen Schlaftrunk zu mir nehmen.
In meinem Zwölfliterglas. Prosit!

Gottfried August Bürger

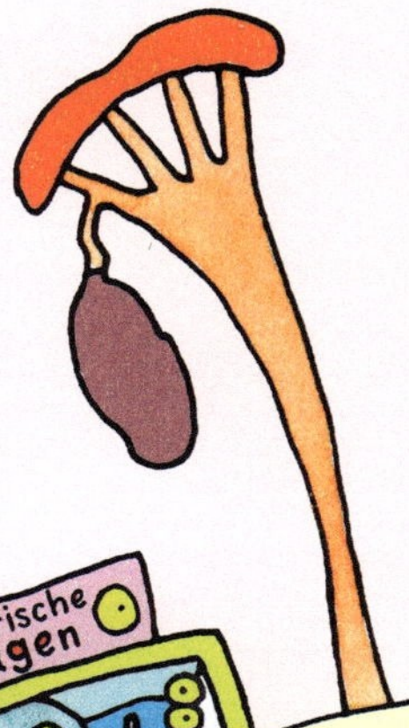

Ich muss zugeben, dass das alles recht seltsam klingt.

■ Ergänze fehlende Textstellen. Kreuze richtige Antworten an.

Ich bin der Freiherr von Münchhausen und die Reise zum Mond war nicht mein erstes sondern mein _____ Seeabenteuer.

DAS REISEWETTER

Wir sind jetzt achtzehn Tage unterwegs. Starker Orkan hebt unser Schiff etwa _____ Meilen in die Luft. Wir segeln die ganze Zeit in den

_____ .

DER MONDKÖNIG

Ich habe gestern den Mondkönig kennengelernt. Er führt gerade Krieg mit _____ und bot mir eine Stelle als _____ an. Ich habe abgelehnt.

NAME DER MONDBEWOHNER

Die Bewohner des Mondes heißen kochende Geschöpfe, weil sie

◯ zwölfmal im Jahr kochen.
◯ ihre Speisen ohne Herd zubereiten.
◯ ihre Speisen auf dem Herd zubereiten.

ENTSTEHUNG DER MONDBEWOHNER

Sie wachsen auf _____ in langen _____ Früchten. Man pflückt sie, wenn sie reif sind, lagert sie einige Zeit und wirft sie schließlich _____. Nach _____ springen die fertigen Geschöpfe heraus.

AUFFALLENDE MERKMALE DER MONDBEWOHNER

Größe:

Hände:

Augen:

Kopf:

IM ALTER

Wenn die Mondbewohner alt geworden sind, so sterben sie nicht, sondern

◯ halten die Luft an.
◯ lösen sich in Luft auf.
◯ werden zu einem Luftballon.

Einen Text in Abschnitte einteilen

Wenn du einen Text in Abschnitte einteilst, kannst du ihn besser verstehen und
zusammenfassen. So teilst du einen Text in Abschnitte ein:
Lies den Text und überlege, wann etwas Neues passiert, zum Beispiel: ein neues
Ereignis, ein neuer Ort, ein neues Thema. Finde dann eine Überschrift für den Abschnitt.

■ Teile den Text in vier Abschnitte ein.
Überschrift, Text und Bild helfen dir, die Abschnitte zu finden.
Markiere das erste und das letzte Wort bei jedem Abschnitt farbig.
Schreibe die Nummer der ersten und letzten Zeile von jedem Abschnitt auf.

Abschnitt 1:

DIE ENTDECKUNG DES MONDES

Der Verfasser beschreibt, warum er
mit seinem Verwandten auf
Expedition geht, wie die Reise
verläuft und wo sie landen.

Zeile _____ bis Zeile _____

Abschnitt 2 :

ERSTES KENNENLERNEN

Münchhausen erzählt, was ihm beim
Mondkönig und den Mondbewohnern
auffällt, z. B. was sie essen, wie sie
geboren werden, ab wann sie arbeiten.

Zeile _____ bis Zeile _____

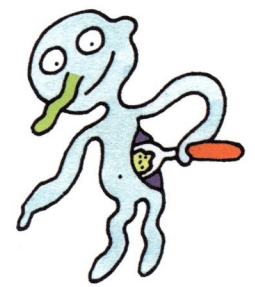

Abschnitt 3:

AUSSEHEN DER MONDBEWOHNER

In diesem Abschnitt erfahren die Leser
in vielen Einzelheiten, wie die
Mondbewohner aussehen,
wie sie leben und sterben.

Zeile _____ bis Zeile _____

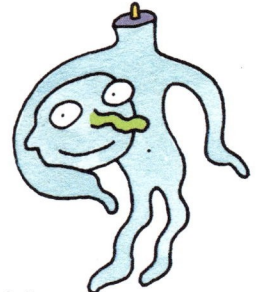

Abschnitt 4:

SCHLUSSWORTE DES ERZÄHLERS

Im letzten Abschnitt weist
Münchhausen mit einem
Augenzwinkern darauf hin, dass
alles wahr ist, was er berichtet hat.

Zeile _____ bis Zeile _____

Text mit Hilfen in Abschnitte einteilen

■ Lies den Text einem Partnerkind vor. Setze beim Lesen die richtigen Wörter ein.

Kapitän ▨▨▨ sieht mit seiner Hakenhand und der Augenklappe zum ▨▨▨ aus. Neugierig fragt sein neuer Schiffsjunge: „Sagt mal, Käpt'n, wie ist das ▨▨▨ mit Eurer Hand ▨▨▨?" Kraterbacke lacht und antwortet:

„Ich habe versucht, eine ▨▨▨ mit der Hand aufzufangen!"

„Und ▨▨▨ habt Ihr Euer Auge verloren?"

„Da ist mir eine Fliege reingeflogen. Hat ▨▨▨ wie der Teufel!"

„Dadurch ▨▨▨ man aber doch kein Auge!",
sagt der ▨▨▨ erstaunt.

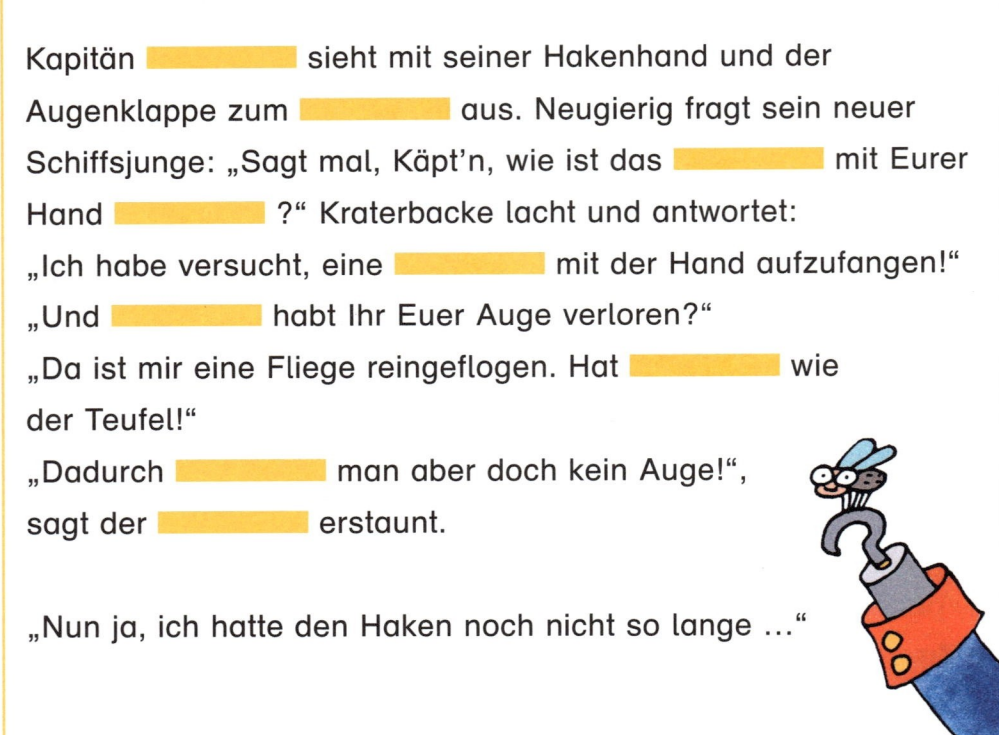

„Nun ja, ich hatte den Haken noch nicht so lange ..."

Kraterbacke
Fürchten
eigentlich
passiert
Kanonenkugel
wie
gejuckt

verliert
Schiffsjunge

■ Versuche, den Text zu lesen. Lies ihn einem Partnerkind vor.

Woher kommt eigentlich die Redensart?

Das kann kein Schwein lesen!

HAUSAUFGABENKONTROLLE! GERADE NOCH DENKST DU: „OB FRAU MÜLLER MERKT,

DASS ICH SIE IM BUS GEMACHT HABE?" DA HÖRST DU ES SCHON: „DAS KANN JA KEIN SCHWEIN LESEN!"

KLAR, SCHWEINE KÖNNEN NICHT LESEN. DIESE REDEWENDUNG HAT ABER MIT SCHWEINEN AUCH NICHTS

ZU TUN. WAHRSCHEINLICH GEHT DIE BEDEUTUNG AUF EINE FAMILIE MIT DEM NAMEN „SWYN" ZURÜCK.

WOBEI „SWYN" AUCH DAS PLATTDEUTSCHE WORT FÜR SCHWEIN IST.

VOR ÜBER 300 JAHREN KONNTEN NUR WENIGE LEUTE LESEN. MENSCHEN, DIE ES KONNTEN, GALTEN ALS GE-

LEHRTE. SIE LASEN DEN ANDEREN BRIEFE UND WICHTIGE SCHRIFTSTÜCKE VOR. SO EINE GELEHRTENFAMILIE

WAR DIE FAMILIE SWYN. WER ETWAS VORGELESEN HABEN WOLLTE, GING ALSO ZU DIESER FAMILIE.

WAR ES DANN ABER SO UNLESERLICH GESCHRIEBEN, DASS SELBST DIE SWYNS

ES NICHT LESEN KONNTEN, SAGTEN DIE MENSCHEN:

„DAT KANN KEEN SWYN LESEN!" ALSO:

„DAS KANN KEIN SCHWEIN LESEN!" –

DAS BEDEUTET: „DAS KANN DOCH KEINER LESEN".

oben: Text vorlesen und dabei die Lücken ergänzen,
unten: Text mit schwer lesbarer Schrift lesen

■ Lies den Text und kreuze die beiden richtigen Bilder an.

Mal anders: Die sieben Zwerge

Als es ganz dunkel geworden war, kamen die sieben Zwerge
in ihr Häuschen zurück. Wie sie sich dann umsahen, sahen sie,
dass jemand hier gewesen war und der erste sprach:
„Wer hat auf meinem Stühlchen gesessen?"
Der zweite fragte: „Wer hat von meinem Tellerchen gegessen?"
Der dritte wollte wissen: „Wer hat an meinem Brötchen geknabbert?"
Der vierte wunderte sich: „Wer hat von meinem Gemüse stibitzt?"
Der fünfte murmelte: „Wer hat mit meinem Gäbelchen gestochen?"
Der sechste rief: „Wer hat aus meinem Becherlein getrunken?"
Da sah der siebte Zwerg, dass jemand an ihrem Computer saß
und im Internet surfte ...

Nachgefragt: Wer kann auch ohne Füße springen?

 ~~inne~~   ~~B~~~~lle~~   ~~Ri~~   ~~ot~~   ~~T~~~~t~~ + n

■ Schreibe die Wörter ohne die durchgestrichenen Buchstaben.

Dann bekommst du das Lösungswort: _____

oben: Text lesen und zum Text passende Bilder ankreuzen
unten: Bilderrätsel lösen

Wo liest du am liebsten?

■ Es wurden 100 Kinder gefragt.
Diese Antworten wurden genannt.

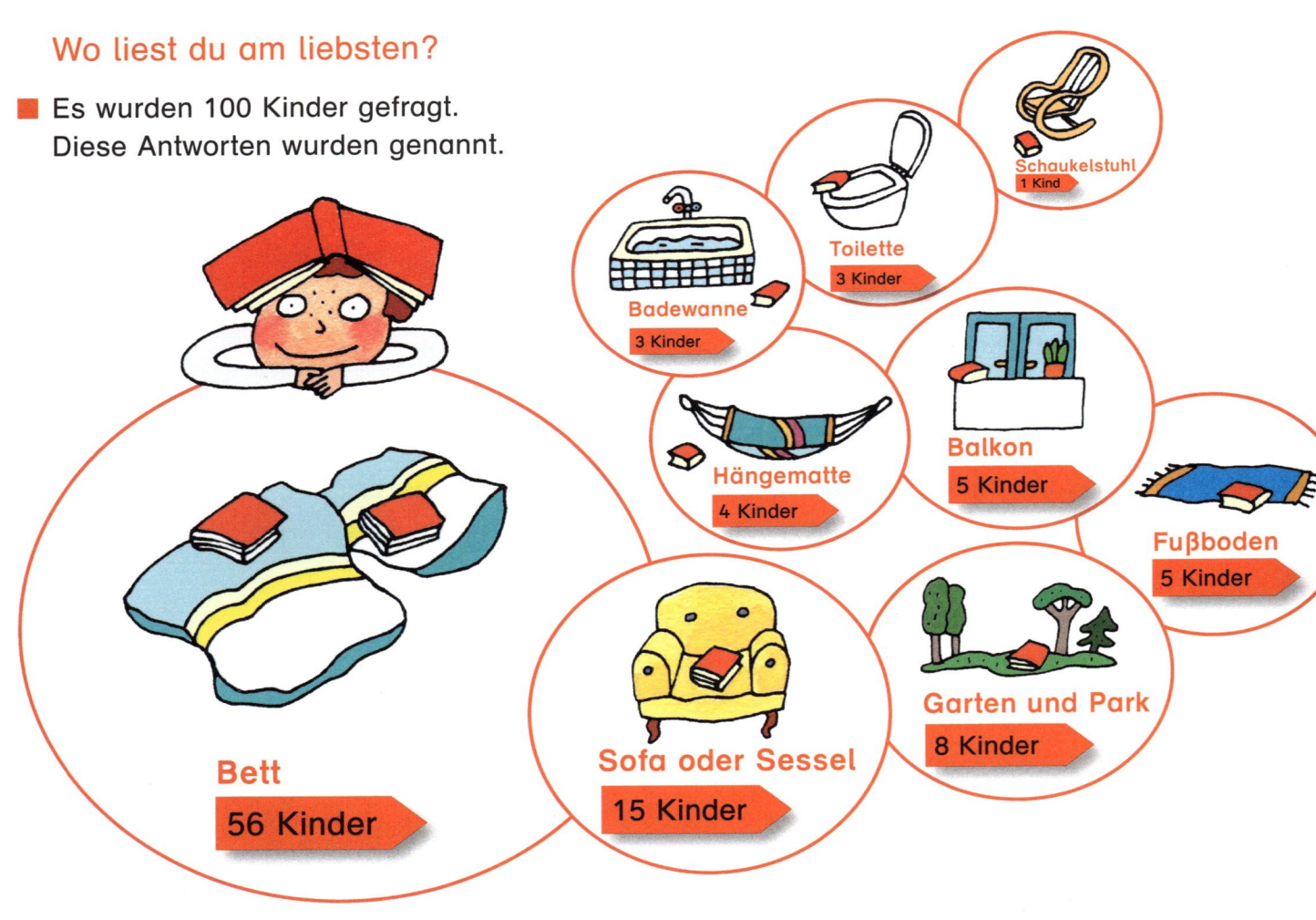

■ Was stimmt? Was stimmt nicht?
Kreuze an.

	stimmt	stimmt nicht
Die Grafik gibt Auskunft darüber, was die Kinder am liebsten lesen.	○	○
Die meisten Kinder lesen am liebsten im Bett.	○	○
Die Grafik zeigt, dass die Kinder auf der Toilette Comics lesen.	○	○
Sofa oder Sessel war die zweithäufigste Antwort.	○	○
Der Schaukelstuhl wurde nur von einem Kind als Lieblingsplatz gewählt.	○	○
Die Grafik zeigt, dass die Kinder im Garten oder Park lieber spielen als lesen wollen.	○	○

und? du

■ Und wo liest du am liebsten?

_____

_____

ankreuzen, ob die Aussagen zum Schaubild passen oder nicht; Frage beantworten

eine Richtung für die Geschichte festlegen

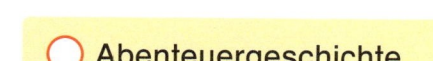

Am Anfang deiner Planung legst du fest, in welche Richtung deine Geschichte gehen soll.

Eine Geschichte braucht einen Plan.

Warum?

Eine Planung hilft dir, deine Ideen zu ordnen.

■ Kreuze an, was du schreiben willst oder schreibe eine eigene Idee auf.

○ Abenteuergeschichte ○ Gruselgeschichte

○ Detektivgeschichte ○ Freundschaftsgeschichte

○ Science-Fiction-Geschichte ○ Traumgeschichte

○ Streitgeschichte ○ Pannengeschichte

○ Schulgeschichte ○ Tiergeschichte ○ Lachgeschichte

Meine Idee:

_____

Tipp:

Entscheide, in welche Richtung deine Geschichte gehen soll.

■ Lies dir die drei Möglichkeiten durch. Kreuze an, was du schreiben willst.

ERLEBNIS-GESCHICHTE ○

Diese Geschichten erzählen von Erlebnissen, die wirklich passiert sind. Du schreibst alles so auf, wie es wirklich gewesen ist.

AUSGEDACHTE GESCHICHTE ○

Diese Geschichten sind nicht wirklich passiert. Du denkst sie dir aus. Aber sie könnten so auch mal passieren, z. B. ein Streit zwischen Freunden.

FANTASIEGESCHICHTE ○
Bei Fantasiegeschichten ist alles ausgedacht. Sie passieren nur in deiner Fantasie, weil Dinge und Personen vorkommen, die es gar nicht gibt, z. B. sprechende Tiere, außerirdische Wesen oder tanzende Bleistifte.

■ Schreibe auf, was du bis jetzt für deine Geschichte geplant hast.

_____

_____

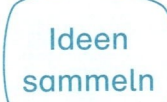 **Ideen sammeln** — Sammle Ideen für deine Geschichte und schreibe sie in Stichwörtern so auf, wie sie dir einfallen.

Tipp:

Sammle Ideen zu der Frage: Wer hat in der Geschichte eine wichtige Rolle?

 **Wer?**

■ Schreibe deine Ideen für die Figuren in der Geschichte auf. Das können Personen sein, Tiere oder ausgedachte Wesen. Schreibe jede Idee auf einen Zettel.

Meine Ideen:

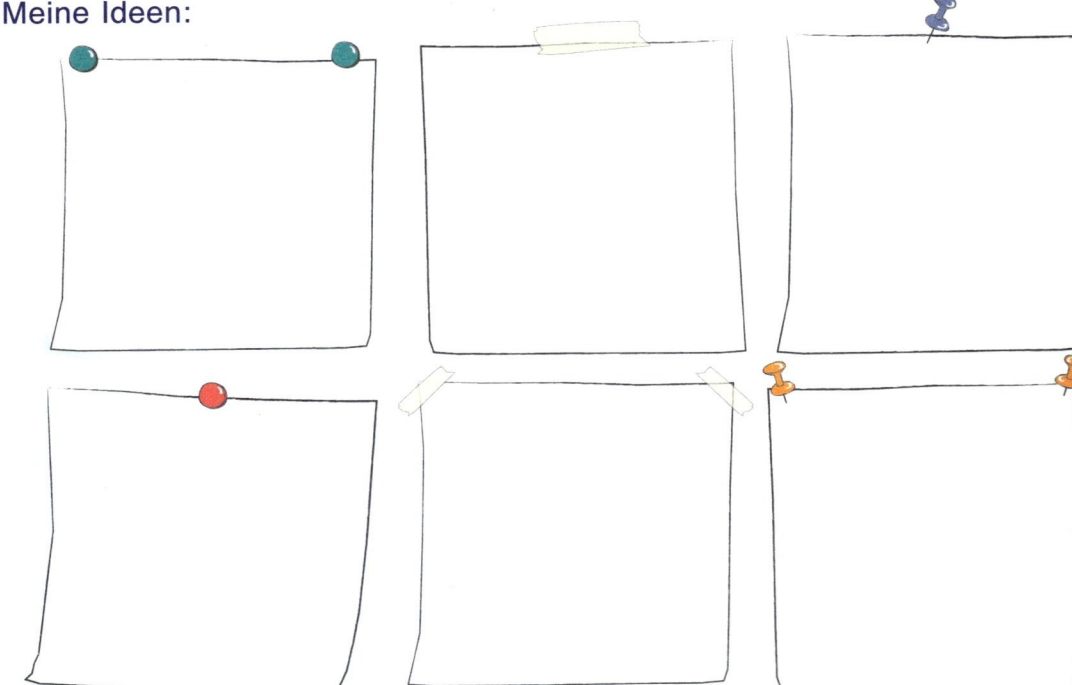

Tipp:

Sammle Ideen zu der Frage: Was passiert in der Geschichte?

 **Was?**

■ Was könnte in deiner Geschichte passieren? Sammle Ideen und schreibe sie in Stichworten auf. Schreibe jede Idee auf einen Zettel.

Meine Ideen:

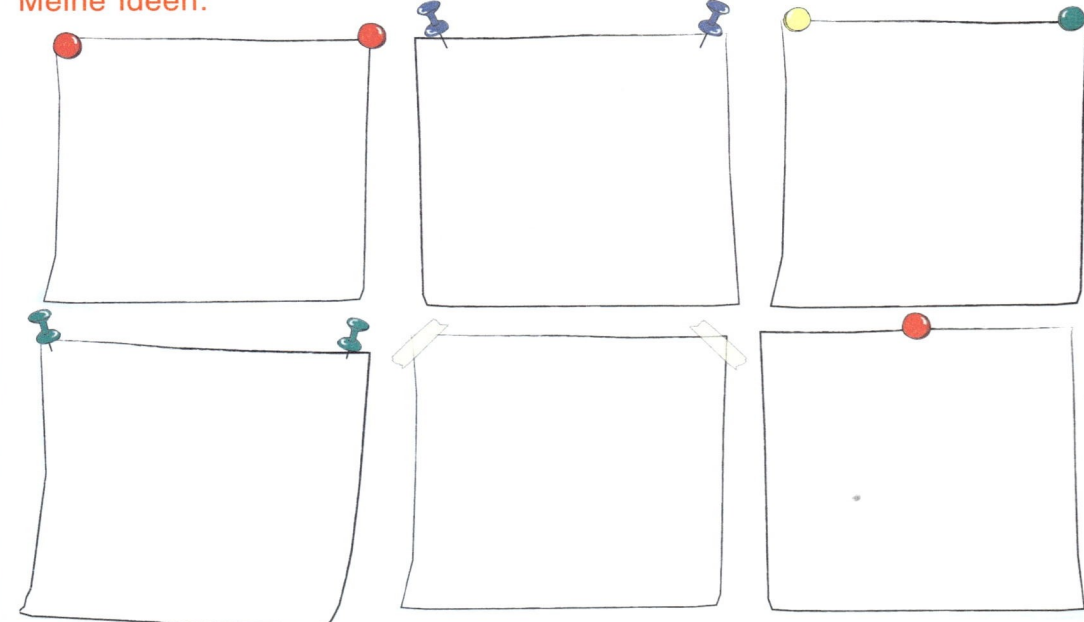

Geschichte planen: Ideen für Figuren und Handlung sammeln und aufschreiben

Wo?

■ Sammle Ideen zu den Orten, an denen die Geschichte passieren könnte. Das kann ein Zimmer sein, ein Gebäude, eine Landschaft oder das Weltall. Schreibe deine Ideen auf.

Meine Ideen:

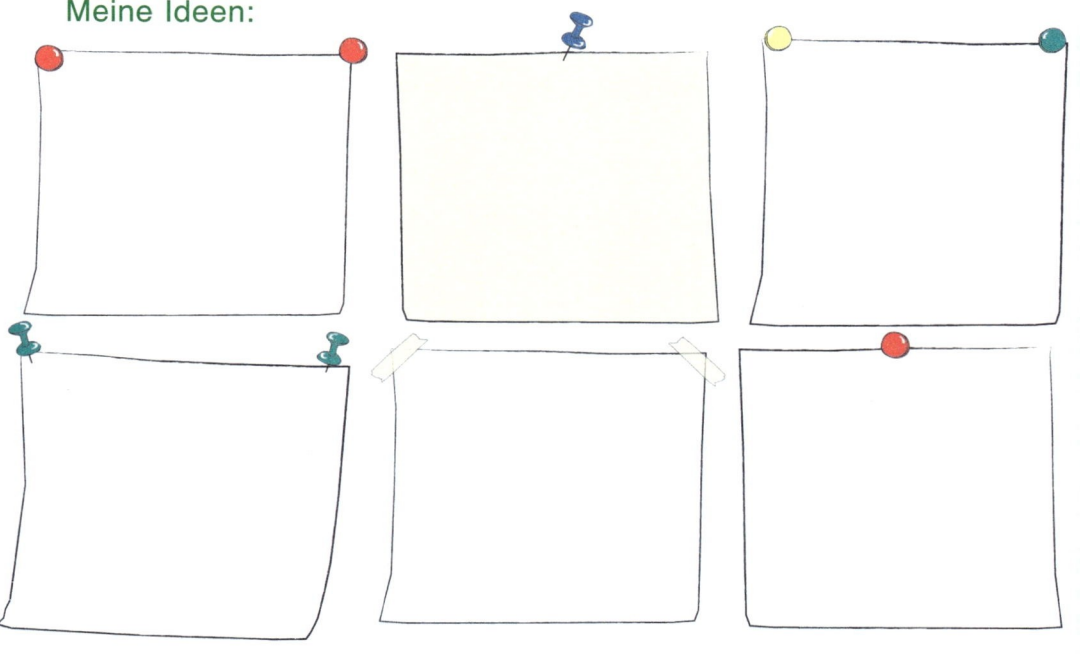

Tipp:

Sammle Ideen zu der Frage: Wo passiert die Geschichte?

Wann?

■ Wann spielt deine Geschichte: in der Vergangenheit, in der Gegenwart oder in der Zukunft? Markiere, wofür du dich entschieden hast.

Meine Ideen:

| Vergangenheit | Gegenwart | Zukunft |

Tipp:

Entscheide, wann deine Geschichte spielt.

■ Lies dir alle Ideen noch einmal durch und markiere, was dir am besten gefällt.

■ Finde einen Arbeitstitel für deine Geschichte. Ein Arbeitstitel ist eine Überschrift, die nur gilt, solange du an der Geschichte arbeitest. Am Schluss überlegst du dir die richtige Überschrift. Schreibe deinen Arbeitstitel auf.

Tipp:

Überlege dir einen Arbeitstitel für deine Geschichte.

Geschichte planen: Ideen für Handlungsorte sammeln und aufschreiben, Zeitrahmen festlegen, Ideen bewerten, Arbeitstitel aufschreiben

eine Vorschau schreiben

Eine Vorschau ist der erste Entwurf zu deiner Geschichte. Die Leser sollen einen ersten Eindruck bekommen, wovon die Geschichte handelt.

Tipp:

Fasse deine Ideen in einer Vorschau zusammen.

■ Beschreibe in wenigen Sätzen oder Stichwörtern, was du geplant hast.

Arbeitstitel:

Meine Geschichte geht in diese Richtung:

Davon handelt meine Geschichte:

Ein Bild aus meiner Geschichte:

14

Konfetti

LESETEXT:
Unglaublich neugierig ▶ Seite 16 – 19   fertig am: _____

▶ Zum Lesen des Textes brauchst du den Lesebegleiter.

LESE-FITNESS ▶ Seite 20 – 22   fertig am: _____

TEXTLUPE: Ordnung ▶ Seite 23 – 26   fertig am: _____

TEXTE ORDNEN

▶ Karte Nr. _____

fertig am: _____

Lösungswort:

___ ___ ___ ___ ___

TANDEM-LESEN

▶ Karte Nr. _____

fertig am: _____

Lesepartnerin / Lesepartner:

_____

▶ Zur Einschätzung brauchst du den Lesebegleiter.

GEDICHTE VORTRAGEN

▶ Karte Nr. _____

fertig am: _____

Zuhörerin / Zuhörer:

_____

LERNALBUM ▶ Seite 83

▶ Hast du außerdem noch etwas geschrieben, gelesen oder vorgetragen?

Trage es im Lernalbum ein.

Das kann ich schon! (L2)

☆ ☆ ☆ ☆ ☆

Das kann ich schon! (T2)

☆ ☆ ☆ ☆ ☆

_____   _____
Schülerin/Schüler   Lehrerin/Lehrer

■ Lies den Text mithilfe der Leseschritte im Lesebegleiter.
Wörter mit einem * werden im Glossar ab Seite 81 erklärt.

Unglaublich neugierig

Bestimmt habt ihr schon einmal von mir gehört. In eurer Zeit ist
der Name Albert Einstein in aller Munde. Ich höre oft, dass man
mich den „größten Wissenschaftler der Geschichte" nennt.
Ehrlich, das ist mir fast etwas peinlich.

5 Ich glaube nicht, dass ich eine besondere Begabung habe,
sondern einfach nur unglaublich neugierig bin.
Diese Neugier half mir, viele Entdeckungen im Bereich
der Physik* zu machen. Ohne meine Erfindungen gäbe es heute
keine Digitalkameras, Solarzellen oder Navigationssysteme.

10 Später erhielt ich sogar den Nobelpreis*, eine besondere Ehrung.
Reichtum und Erfolg waren mir nie sehr wichtig.
Übermenschliche Kräfte habe ich leider nicht, und wenn
es regnet, kann ich auch nichts dagegen tun. Das habe ich
auch schon meiner Katze gesagt.

15 Geboren wurde ich am 14. März 1879 in Ulm an der Donau.
Meine Mutter hieß Pauline, mein Vater Hermann. Zwei Jahre
nach mir wurde meine Schwester Maja geboren.
Im Jahr meiner Geburt wird die elektrische Glühlampe erfunden.
Ein bahnbrechendes Ereignis, denn bisher wurden die Häuser

20 nur mit Gas oder stinkenden Petroleumlampen beleuchtet.
Während ich aufwachse, setzt die Glühlampe zu ihrem Siegeszug
um die Welt an und das spielt in meinen ersten Lebensjahren eine
große Rolle. Mein Vater besitzt eine Fabrik für elektro-
technische Geräte. Bei uns zu Hause wird viel über Physik,

25 alle möglichen Geräte und Elektrizität geredet. Papa will,
dass ich später Elektroingenieur* werde. Und tatsächlich
interessiere ich mich schon sehr früh für Naturwissenschaften
und Mathematik.
In meinen ersten Lebensjahren ist von meiner Begabung nichts

30 zu merken. Ob ihr es glaubt oder nicht: Ich, einer der Väter
der modernen Physik werde sogar für etwas zurückgeblieben
gehalten. Und zwar deshalb, weil ich erst mit vier Jahren

Man nennt mich
oft „größter
Wissenschaftler
der Geschichte"

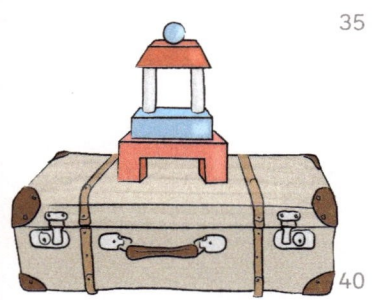

anfange zu sprechen und noch mit neun Jahren Mühe habe,
lange Sätze zu bilden. Ich denke in Bildern. Außerdem finde ich

35 mich hervorragend im Gewirr der Gassen* von München zurecht,
wo ich mit meiner Familie wohne. Ich kann auch ganz tolle
Sachen mit meinen farbigen Holzklötzchen bauen.
Diese Bauklötze und die Geige sind mein Hobby.
Als ich zwölf bin, liege ich im Streit mit allem – den Vorschriften,

40 den Autoritäten* und vor allem mit der Schule und den Lehrern.
Ich hasse es, Dinge auswendig lernen zu müssen.
Und als meine Familie nach Italien zieht, weil Papa dort eine
neue Fabrik baut, lassen sie mich in München in einem Internat.
Ich bin fünfzehn Jahre alt. Mal ehrlich – was hättet ihr da

45 an meiner Stelle gemacht?

Mein Lehrer sagte zu mir, ich würde es im Leben nicht weit bringen.

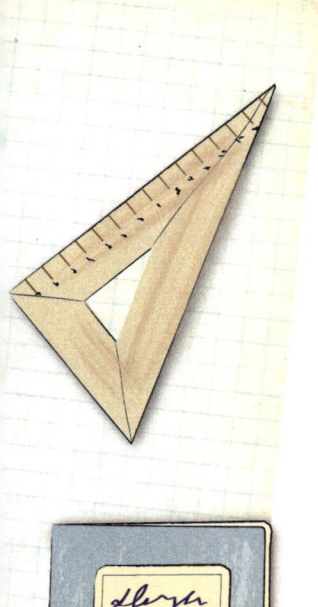

Als mein Lehrer zu mir sagt, ich würde es im Leben nicht weit
bringen, bekomme ich einen Nervenzusammenbruch und der
Direktor stellt mir frei, die Schule zu verlassen. Ich packe meine
Sachen, nehme meine Geige und reise zu Mama, Papa,

50 Schwester Maja und Onkel Jakob. So komme ich nach Pavia
in Italien.
Papa ist ziemlich sauer, weil ich ohne seine Erlaubnis einfach
aus dem Internat in München weggegangen bin. Deshalb schickt
er mich nach Zürich, wo ich mich zum Studium bewerben soll.

55 Ich bin sehr geknickt, als ich erfahre, dass ich bei der Aufnahmeprüfung durchgefallen bin. Der Direktor bezeichnet mich zwar als
Wunderkind in Sachen Mathematik, aber in anderen Fächern habe
ich große Lücken. Ich gehe dann doch noch einmal zwei Jahre
in der Schweiz zur Schule und bestehe dort das Abitur. Danach

60 schaffe ich auch endlich die Aufnahmeprüfung zum Studium.
Noch ahnt keiner - nicht einmal ich - wie sehr ich einmal die Welt
mit meinen Ideen verändern werde.

Luca Novelli

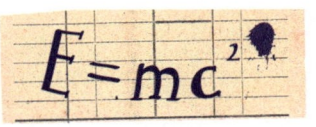

$E = mc^2$

■ Teile den Text in vier Abschnitte ein.
Überschrift, Text und Bild helfen dir, die Abschnitte zu finden.
Markiere das erste und das letzte Wort bei jedem Abschnitt farbig.
Schreibe die Nummer der ersten und letzten Zeile von jedem Abschnitt auf.

Abschnitt 1:

VORSTELLUNG

Im ersten Abschnitt erfährst du,
was Einstein über sich und
seine Begabung denkt.

Zeile _____ bis Zeile _____

Abschnitt 3:

ÄRGER IN DER SCHULE

Hier geht es um Einsteins
Schwierigkeiten in der Schule und
seine Flucht nach Italien.

Zeile _____ bis Zeile _____

Abschnitt 2 :

GEBURT UND FRÜHE KINDHEIT

Im zweiten Abschnitt ist zu lesen,
wie Einstein aufwächst, was er gut kann
und wo er Schwierigkeiten hat.

Zeile _____ bis Zeile _____

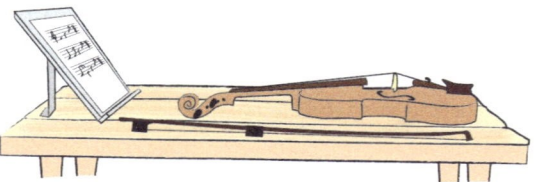

Abschnitt 4:

MISSERFOLGE UND ERFOLGE

Der letzte Abschnitt handelt davon,
wie er es dann doch noch bis
zu seinem Studium schafft.

Zeile _____ bis Zeile _____

Einzelne Informationen finden

Es gibt Fragen, bei denen du die Information für die Antwort an einer einzigen
Stelle im Text findest. Du musst die Textstelle finden und abschreiben.

■ Finde die Antworten zu diesen Fragen im Text und schreibe sie auf.

Wo wurde Einstein geboren? _____

In welcher Stadt verlässt Einstein die Schule? _____

Wo fällt Einstein durch die Aufnahmeprüfung? _____

Wie viele Jahre geht Einstein in der Schweiz zur Schule? _____

Informationen zusammenfassen

Es gibt aber auch Fragen, bei denen du die Informationen für die Antwort
an verschiedenen Stellen im Text findest.
Die Informationen musst du für deine Antwort zusammenfassen.

■ Finde zur Frage passende Textstellen,
markiere sie und schreibe eine Antwort auf.

Warum wurde Einsteins besondere Begabung nicht erkannt,
als er ein Kind war?

_____

_____

_____

_____

Was passierte,
als Albert Einstein 15 Jahre alt war?

_____

_____

_____

_____

Warum wird Einstein heute
zu den größten Wissenschaftlern der Geschichte gezählt?

_____

_____

_____

_____

■ Lies den Text einem Partnerkind vor. Setze beim Lesen die richtigen Wörter ein.

Zwei _____ gehen von der Halloween-Party nach Hause.

Da sie so schön in _____ Stimmung sind, beschließen sie,

die _____ über den Friedhof zu nehmen. Zwischen den

Gräbern hören sie plötzlich ein _____ Geräusch:

Tock! Tock! Tock!

Zitternd vor _____ sehen sie sich um. Ein alter Mann werkelt

mit Hammer und _____ an einem Grabstein herum.

_____ sagt einer der Jungen: „Mensch, Sie haben uns aber

erschreckt. Wir _____ schon, Sie wären ein Geist!

Was machen Sie denn hier _____ in der Nacht?"

Der Alte murmelt: „Diese _____ haben

meinen Namen falsch geschrieben!"

Jungen

gruseliger

Abkürzung

unheimliches

Furcht

Meißel

Erleichtert

dachten

mitten

Idioten

■ Versuche, den Text zu lesen. Lies ihn einem Partnerkind vor.

Woher kommt eigentlich die Redensart?

Die Klappe halten

Ein eGr uselg eschichteschrei ben, sup er!
Ei neMe ngeId een geis terndurch dei nenKopf
unddu weißtgar nicht, woduan fan gensollst.
Beid ein erNach barin sieht dasähn lich aus.
Nur: Si ekan nihrel deen nichtfür sichbe halten
und quat schtdie ganzeZei tdrauflos. Nunrei cht es:
„Haltend lichdieKlap pe, ichkann mich nichtkonzen trieren!",
platzt esaus dirher aus.
Die serA usdruck stamm taus demMit tela lter.
In denKir chenga bes anbe stimm tenStell enKlapp sitzeaus Holz.
Woll tesichje manddort hinset zen, muss teer denSitzmög lichstlei se
undoh neGe räusch herun terkla ppen.
BeimAuf steh enmuss tema naufpa ssenund denSitzfest halten,
sonstklapp teer mitlaut emKrach nachoben. Wemdaspas sierte,
derbe kam denZorn deran derenab undwur de
mitdenWor ten „Halt dieKlap pe!"aus geschimpft.

oben: Text vorlesen und dabei die Lücken ergänzen,
unten: Text mit schwer lesbarer Schrift lesen

■ Nur ein Bild passt zum Text.
Lies den Text und kreuze das richtige Bild an.

Mal anders: Der Riese und das Schneiderlein

Der Riese wollte das Schneiderlein prüfen, ob es wirklich so
stark und tapfer wäre. Da hob der Riese einen Stein auf und warf ihn
so hoch, dass man ihn mit den Augen kaum noch sehen konnte:
„Nun, du Erpelmännchen, das tu mir nach!"
„Gut geworfen", sagte der Schneider, „aber der Stein hat doch wieder
zur Erde herabfallen müssen, ich will dir einen werfen, der soll gar nicht
wiederkommen." Er griff in die Tasche, nahm einen Hubschrauber
und warf ihn in die Luft. Der Hubschrauber stieg auf, flog fort und kam
nicht wieder. „Wie gefällt dir das Stückchen, Kamerad?", fragte
der Schneider. „Werfen kannst du wohl", sagte der Riese …

Nachgefragt: In welcher Schule lernt man nichts?

B̶uch   Z̶ ̶n   aus̶   h̶   B̶r̶i̶l̶

■ Schreibe die Wörter ohne die durchgestrichenen Buchstaben.

Dann bekommst du das Lösungswort: _____

Wie viel Zeit brauchen Kinder für ihre Hausaufgaben?

■ Alle Viertklässler einer Grundschule wurden danach befragt,
wie viel Zeit sie für die Hausaufgaben in Mathematik und Deutsch benötigen.
In diesem Säulendiagramm kannst du die Ergebnisse ablesen.

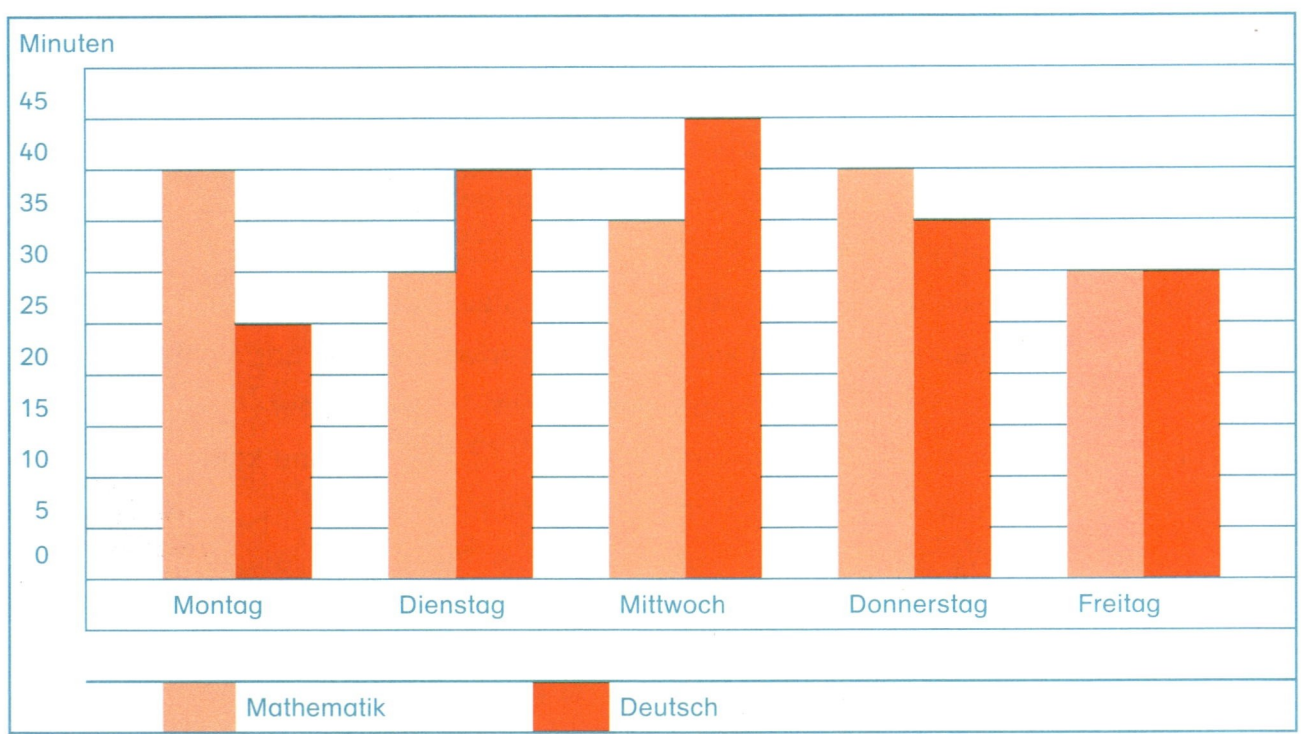

■ Was stimmt? Was stimmt nicht?
Kreuze an.

	stimmt	stimmt nicht
Im Schaubild erfährt man, ob die Kinder ihre Hausaufgaben gern machen.	○	○
Die Zeit für die Hausaufgaben ist in Minuten angegeben.	○	○
Die dunkle Säule zeigt die Zeit für die Mathematikaufgaben.	○	○
Die Kinder haben jeden Tag Deutsch- und Mathematikaufgaben.	○	○
Die Kinder brauchen immer mehr Zeit für ihre Mathematikaufgaben als für ihre Deutschaufgaben.	○	○
Am Mittwoch benötigen die Kinder mehr Zeit für die Deutschaufgaben als für die Mathematikaufgaben.	○	○

und du

■ Was für Hausaufgaben machst du am liebsten?

_____

_____

Eine Einleitung für eine Geschichte schreiben

auf den Inhalt vorbereiten

Eine Einleitung soll die Leser schon ein bisschen über den Inhalt informieren und sie neugierig machen.
Die Einleitung darf aber nicht zu viel verraten.

■ Lies die Einleitung. Zu welchen Fragen erfährst du etwas? Kreuze an.

○ **Wer** spielt in der Geschichte mit?

Die Schatzkiste
Immer wenn mein Vater am Wochenende Zeit hat, fährt er mit mir und meinem Bruder zum Angeln.

○ **Wann** spielt die Geschichte?

○ **Was** haben die Personen vor?

○ **Wo** spielt die Geschichte?

Die meisten Geschichten fangen mit einer Einleitung an.

Warum?

Eine Einleitung macht den Leser neugierig und bereitet ihn auf den Inhalt vor.

■ Lies die Einleitungen zum Thema Klassenfahrt.

Alinas Einleitung	**Pauls Einleitung**	**Davids Einleitung**
Im Oktober hat unsere Klasse eine Klassenfahrt an den Mühlensee gemacht. Am letzten Abend wollten wir eine Nachtwanderung machen. Wir waren sehr gespannt.	Ich war auf Klassenfahrt. Das war total spannend.	Wir waren im Oktober auf Klassenfahrt. Bei der Nacht-wanderung verliefen sich Jonathan und Lilly. Unsere Lehrerin fand sie am Wald-spielplatz wieder.

Tipp:

Beantworte in der Einleitung einige dieser Fragen, aber verrate nicht alles:

Wer?
Was?
Wo?
Wann?

■ Welche Rückmeldung passt zu welchem Text? Schreibe den Namen des Kindes dazu.

Rückmeldung für	**Rückmeldung für**	**Rückmeldung für**
_____	_____	_____
Deine Einleitung verrät zuviel. Schreibe nur auf, wer dabei war, wo und wann es war.	Deine Einleitung ist gut so. Du hast aufgeschrieben, was der Leser wissen muss, ohne zu viel zu verraten.	Deine Einleitung verrät zu wenig. Schreibe auf, wer dabei war, wo und wann die Klassenfahrt war.

eine Einleitung schreiben: einer Einleitung Informationen entnehmen,
Rückmeldung zu drei verschiedenen Einladungen geben

Ordnung

den ersten
Satz finden

Wenn du gar nicht weißt, wie du anfangen
sollst, fange deinen ersten Satz mit einem
Bindewort an, zum Beispiel:

| als • während • nachdem • bevor • wenn • obwohl |

Tipp:

Beginne den
ersten Satz mit
einem Bindewort.

Beim
Überarbeiten
deiner
Geschichte
kannst du dir
überlegen, ob dir
noch ein besserer
Anfangssatz
einfällt.

■ Markiere das Bindewort.

Nachdem ich die Haustür zugeknallt hatte, rannte ich,
so schnell ich konnte, mit meinem Hund die Straße hinunter.

Obwohl ihr Vater, der König, es ausdrücklich verboten hatte,
verließ die Prinzessin nachts heimlich das Schloss.

■ Ergänze ein Bindewort. Wähle unterschiedliche Bindewörter.

_____ es mir endlich gelungen war, den alten Koffer
zu öffnen, war nichts darin außer einer Landkarte mit
geheimnisvollen Zeichen.

_____ die Lehrerin uns etwas über Plus- und Minusaufgaben erzählte, dachte ich nur an den Streit mit meinem Freund.

■ Welche Geschichte fällt dir zu dem Bild ein? Schreibe den
ersten Satz für eine Einleitung auf. Beginne mit einem Bindewort.

Die Nacht der Piraten

_____

_____

_____

_____

eine Einleitung schreiben: Bindewörter erkennen, ergänzen und
als erstes Wort für eine Einleitung nutzen

eine Frage stellen

Überlege, mit welcher Frage du deine Einleitung abschließen kannst. Schreibe die Frage auf.
Mit der Frage kannst du prüfen,
ob die Einleitung die Leser neugierig macht.

Tipp:

Schreibe am Ende deiner Einleitung eine Frage auf.

Bei der Überarbeitung entscheidest du, ob die Frage im Text bleiben soll oder ob du sie streichen willst.

■ Welche Frage passt an das Ende dieser Einleitung? Kreuze an.

Als ich mit dem Fahrrad mitten auf dem Weg zum Geburtstagsfest meiner Freundin Mia war, fiel mir auf einmal ein: „Mist, ich habe das Geschenk vergessen."

◯ Soll ich jetzt zu Mia oder nach Hause fahren?
◯ Wieso passiert mir das?
◯ Warum habe ich nicht an das Geschenk gedacht?

■ Schreibe auf, welche Frage am Ende der Einleitung für dich entsteht.

Immer wenn ich von der Schule nach Hause kam und die Tür aufschloss, kam sofort mein Hund Krümel angerannt. Als ich gestern die Tür aufschloss, kam niemand.

_____

■ Welche Geschichte fällt dir zu dem Bild ein?
Schreibe eine Einleitung.
Nutze den Tipp mit dem Bindewort und der Frage.

_____

_____

_____

_____

eine Einleitung schreiben: vorgegebene Einleitungen mit einer Frage abschließen,
eine Einleitung mit abschließender Frage schreiben

25

Tipp:

Achte bei Geschichten darauf, wie dir die ersten Sätze gefallen.

Aus Geschichten oder Büchern kannst du dir Ideen holen, wie man einen Text anfängt.

■ Lies diese Einleitungen aus bekannten Kinderbüchern. Kreuze auf der Skala von 1 – 10 an, wie sehr dich die Einleitung zum Weiterlesen anregt.

Mr. und Mrs. Dursley im Ligusterweg Nummer 4 waren stolz darauf, ganz normal zu sein, sehr stolz sogar. Niemand wäre auf die Idee gekommen, sie könnten sich in eine geheimnisvolle und merkwürdige Geschichte verstricken, denn mit solchem Unsinn wollten sie nichts zu tun haben.

Joanne K. Rowling: Harry Potter und der Stein der Weisen

Die Nudel lag auf dem Gehsteig. Sie war dick und geriffelt mit einem Loch drin von vorn bis hinten. Etwas getrocknete Käsesoße und Dreck klebten dran. Ich hob sie auf, wischte den Dreck ab und guckte an der alten Fensterfront der Dieffe 93 rauf in den Sommerhimmel.

Andreas Steinhöfel: Rico, Oskar und die Tieferschatten)

In der Mottengasse elf, oben unter dem Dach hinter dem siebten Balken in dem Haus, wo der alte Eisenbahnsignalvorsteher Gleisenagel wohnt, steht eine sehr geheimnisvolle Kiste.

Janosch: Lari Fari Mogelzahn

■ Lies in deinen Lieblingsgeschichten die Einleitungen. Welche gefällt dir besonders gut? Schreibe die ersten zwei oder drei Sätze auf.

Titel des Textes:

Einleitung:

eine Einleitung schreiben: Einleitungen bewerten, eine Einleitung aus einem Lieblingsbuch abschreiben

Konfetti

LESETEXT:
Lola auf der Erbse ▶ Seite 28 – 31 fertig am: _____

▶ Zum Lesen des Textes brauchst du den Lesebegleiter.

LESE-FITNESS ▶ Seite 32 – 34 fertig am: _____

TEXTLUPE: Inhalt ▶ Seite 35 – 38 fertig am: _____

TEXTE ORDNEN

▶ Karte Nr. _____

fertig am: _____

Lösungswort:

___ ___ ___ ___ ___ ___

TANDEM-LESEN

▶ Karte Nr. _____

fertig am: _____

Lesepartnerin / Lesepartner:

_____

▶ Zur Einschätzung brauchst du den Lesebegleiter.

GEDICHTE VORTRAGEN

▶ Karte Nr. _____

fertig am: _____

Zuhörerin / Zuhörer:

_____

LERNALBUM ▶ Seite 83

▶ Hast du außerdem noch etwas geschrieben, gelesen oder vorgetragen?

Trage es im Lernalbum ein.

Das kann ich schon! (L3) ☆ ☆ ☆ ☆ ☆

Das kann ich schon! (T3) ☆ ☆ ☆ ☆ ☆

_____ _____
Schülerin/Schüler   Lehrerin/Lehrer

■ Lies den Text mithilfe der Leseschritte im Lesebegleiter.
Wörter mit einem * werden im Glossar ab Seite 81 erklärt.

Lola auf der Erbse

Lola war nicht gerade ein gewöhnliches Mädchen. Eigentlich
hieß sie Loretta Lachmann und wohnte mit ihrer Mutter auf der
„Erbse", einem Hausboot unten am Fluss. Sonderbar waren nicht
nur Lolas rosarote Haare. Auch war sie mindestens einen Kopf
5   kleiner als die anderen achtjährigen Mädchen in ihrer Klasse.
Aber besonders ungewöhnlich war, dass sie ihren Hals niemals
wusch, weil sie dort einen Schatz aufbewahrte, nämlich den
letzten Kuss, den ihr Vater ihr gegeben hatte, bevor er sich
in Luft auflöste. Sie trug meistens Kleider, die zu weit und
10   unten abgeschnitten waren, und Turnschuhe mit einem
weißen und einem schwarzen Schnürsenkel.
Das sollte sie daran erinnern, dass ihr Vater zuletzt gesagt
hatte, alles habe zwei Seiten und sie solle immer darauf
achten, beide zu sehen. Denn es gebe keinen Schatten
15   ohne Licht, keinen schönen Tag ohne einen trüben und
keine Mama ohne Papa.
Lola hatte sich eine Weile gefragt, ob Mama nun, da Papa
verschwunden war, keine Mama mehr wäre. Doch dann hatte
ihr Mama erklärt, dass Papa im Gegenteil noch da sei, auch
20   wenn sie ihn nicht mehr sehen könne.
Deshalb sprach Lola mindestens einmal am Tag mit ihm.
Es war ihr gleich, wo sie sich gerade aufhielt und was
die Leute darüber dachten.
Außer ihrem Meerschweinchen Nadu hatte Lola nur einen
25   einzigen Freund, und das war der alte Solmsen, der vom
Frühjahr bis zum Herbst immer auf einer Holzbank vor
seiner Hütte saß und auf den Fluss starrte.
„Ich bin sicher, dass er irgendwann wiederkommt", sagte er,
wenn Lola sich nach der Schule zu ihm setzte und in die
30   gleiche Richtung schaute. Sie wusste, dass er von seinem
alten Kutter* sprach, der eines Tages nach einem schweren Sturm
verschwunden war und von dem man nie auch nur eine Planke*

gefunden hatte. „Morgen vielleicht", freute er sich, „und dann kannst du erleben, wie viele Fische der alte Solmsen noch aus dem Wasser zieht." Nur im Winter kam er nicht heraus, und Lola sah ihn erst im folgenden Frühjahr wieder auf seiner Bank sitzen. Er habe Winterschlaf gemacht, sagte er dann, und Lola freute sich, dass er zurück war.

Ihre Mutter hatte eine kleine Wäscherei. Wenn Frau Lachmann gegen Abend nach Hause kam, hatte Lola den Tisch schon gedeckt und die Hausaufgaben gemacht. Zumindest sagte sie das, denn dann freute sich Frau Lachmann. Und das war Lola besonders wichtig. Deshalb erzählte sie auch meistens nichts davon, wenn die anderen Kinder sie gehänselt* hatten. Derlei Vorkommnisse* machte sie gewöhnlich mit sich selbst aus, damit ihre Mutter keinen Grund hatte, schlechte Laune zu bekommen. Denn wenn sie schlechte Laune bekam, dann ging es auch Lola schlecht, schließlich liebte sie ihre Mutter.

Es gab genug Gründe, sich über Lola lustig zu machen, denn sie war einfach anders als die anderen. Aber da sie sich nie etwas daraus gemacht hatte, was die anderen über sie sagten, verloren die Mitschüler bald den Spaß daran und beachteten sie einfach nicht mehr. Auch der Klassenlehrerin fiel es schwer, Lola genauso zu behandeln wie ihre Mitschüler. Sie musste sich eingestehen, dass sie dem Mädchen einfach nicht so viel zutraute, weil Lola so klein war und sich so sonderbar benahm. Dabei fiel Lola nie unangenehm auf und war auch keine besonders schlechte Schülerin. Dennoch konnte man nicht gerade sagen, dass Lola gern zur Schule ging.

Viel lieber saß sie neben dem alten Solmsen auf seiner Bank, hielt nach seinem Kutter Ausschau und dachte nach. „Meinst du, Papa erinnert sich noch an den Fluss? An das Rauschen und an die fischige Luft?" fragte sie zum Beispiel, ohne den suchenden Blick vom Horizont* abzuwenden. „Klar!", antwortete der alte Solmsen dann. Ja, das waren die Momente, in denen Lola wirklich glücklich war. Bis eine Woche alles veränderte.

Annette Mierswa

Text mithilfe des Lesebegleiters lesen

■ Teile den Text in sechs Abschnitte ein.
Markiere das erste und das letzte Wort bei jedem Abschnitt farbig.
Schreibe die Nummer der ersten und letzten Zeile von jedem Abschnitt auf.

Abschnitt 1	Ein nicht gewöhnliches Mädchen	Zeile _____ bis Zeile _____
Abschnitt 2	Lola und ihr Papa	Zeile _____ bis Zeile _____
Abschnitt 3	Der alte Solmsen	Zeile _____ bis Zeile _____
Abschnitt 4	Lola und ihre Mutter	Zeile _____ bis Zeile _____
Abschnitt 5	Lola und die Schule	Zeile _____ bis Zeile _____
Abschnitt 6	Glückliche Momente	Zeile _____ bis Zeile _____

Eine Figur charakterisieren

Ein Autor erfindet für seine Figur in einer Geschichte nicht nur den Namen,
sondern auch ihren Charakter. Dazu beschreibt er, wie eine Figur aussieht,
wie sie lebt, wie sie sich verhält, was sie denkt und fühlt. Um herauszufinden, wie der
Autor seine Figur charakterisiert hat, suchst du im Text nach Aussagen, die dir sagen,
■ wie die Figur aussieht, ■ wie sie wohnt und lebt, ■ welche Freunde sie hat,
■ wie sie sich verhält, ■ was sie denkt und fühlt.

■ Kreuze an, was stimmt.

■ Alter und Aussehen von Lola

○ Lola heißt eigentlich Loretta Lachmann.   ○ Sie ist acht Jahre alt.

○ Ihre Haare sind blau.   ○ Sie trägt meistens Turnschuhe.

○ Die Kleider sind meistens zu weit.   ○ Sie ist kleiner als ihre Mitschülerinnen.

■ So wohnt Lola:

○ Sie wohnt auf einem Hausboot.   ○ Sie wohnt in einem Wohnwagen.

○ Das Hausboot heißt Bohne.   ○ Sie lebt mit ihrer Mutter zusammen.

○ Ihr Vater wohnt auch bei ihnen.   ○ Ihr Meerschweinchen heißt Duda.

■ Finde zu jeder Aussage mindestens zwei Textstellen und schreibe sie auf.

Lola vermisst ihren Vater sehr.

_____

_____

_____

Beim alten Solmsen fühlt sich Lola wohl.

_____

_____

_____

Lola ist anders als die anderen.

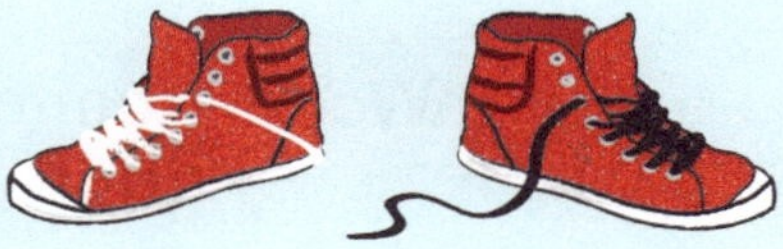

_____

_____

_____

■ Welches Wort passt zu Lola? Markiere es. Begründe deine Entscheidung.

Lola ist eine Einzelgängerin ■ Spaßverderberin ■ Außenseiterin ■ Spinnerin

_____

_____

_____

■ Lies den Text einem Partnerkind vor. Setze beim Lesen die richtigen Wörter ein.

Milas Mutter ______: „Mila, wenn du in der nächsten Mathearbeit eine Zwei oder eine Eins ______, darfst du dir etwas wünschen.“ Und ______, die nächste Mathearbeit ist eine glatte Zwei!

„Juhu!“, jubelt Mila, „ich wünsche mir einen ______!“

„Ausgeschlossen, viel zu ______“, antwortet die Mutter. Mila überlegt und sagt dann: „Gut, dann ______ ich eben einen Tag lang ______ spielen.“ Damit ist die Mutter einverstanden. Mila schmeißt sich Vaters ______ über die Schulter und ruft: „Auf geht’s, Schatzi! Wir fahren in die Stadt und ______ Mila einen Computer!“

verspricht
schreibst
wirklich

Computer

teuer
möchte
Papa
Jacke

kaufen

■ Versuche, den Text zu lesen. Lies ihn einem Partnerkind vor.

Woher kommt eigentlich die Redensart?

Seinen Senf dazugeben

Ständig mischt sich Kofi in das Gespräch ein, das du gerade mit deiner Lehrerin führst? Ungefragt redet er mit und äußert seine Meinung. Nun reicht es dir und du fährst ihn an: „Gib nicht dauernd deinen Senf dazu!“
Diese Redewendung stammt aus einer Zeit, als Senf als sehr wertvoll galt. Gab es Senf zu einer Mahlzeit, dachten die Gäste, es sei ein besonderes Essen. Deshalb benutzten manche Gastwirte einen Trick: Zu jedem Essen gab es immer etwas Senf. Es sollte so kostbarer wirken. Das Problem war nur, dass Senf nicht zu jedem Essen passt!
Und so wie der Senf ungefragt zum Essen serviert wurde, teilen uns manchmal auch Menschen ihre Meinung mit, ohne dass die jemand hören möchte.
Deshalb nennt man das „seinen Senf dazugeben“.

oben: Text vorlesen und dabei die Lücken ergänzen,
unten: Text mit schwer lesbarer Schrift lesen

■ Lies den Text und kreuze die beiden richtigen Bilder an.

Mal anders: Die Bremer Stadtmusikanten

Also machten sie sich auf den Weg nach der Gegend, wo das Licht war.
Bald sahen sie es heller schimmern und es wurde immer größer,
bis sie vor ein hell erleuchtetes Räuberhaus kamen. Der Esel, als der größte,
näherte sich dem Fenster und schaute hinein. „Was siehst du,
Grauschimmel?", fragte der Hahn. „Was ich sehe?", antwortete der Esel.
„Einen gedeckten Tisch mit schönem Essen und Trinken. Und Räuber sitzen
rundherum und sehen fern!" „Das wäre etwas für uns", sprach der Hahn.
Da überlegten die Tiere, wie sie es anfangen könnten, die Räuber
hinauszujagen. Endlich fanden sie ein Mittel: Der Esel stellte sich mit den
Vorderfüßen auf das Fensterbrett, der Hund sprang auf des Esels Rücken und
die Katze kletterte auf den Hund. Zuletzt flog der Hahn hinauf und setzte sich
der Katze auf den Kopf. Dann fingen sie an, ihre Musik zu machen: Der Esel
schrie, der Hund bellte, die Katze miaute und der Hahn krähte. Und dann
stürzten sie in die Stube hinein, dass die Scheiben klirrten …

Nachgefragt: Welchen Fall kann der Detektiv nicht lösen?

■ Schreibe die Wörter ohne die durchgestrichenen Buchstaben.

Dann bekommst du das Lösungswort: _____

Macht dir das Lernen Spaß?

■ Diese Frage wurde 860 Kindern zwischen sechs und dreizehn Jahren gestellt.
Das ist das Ergebnis aus dem Jahr 2013.

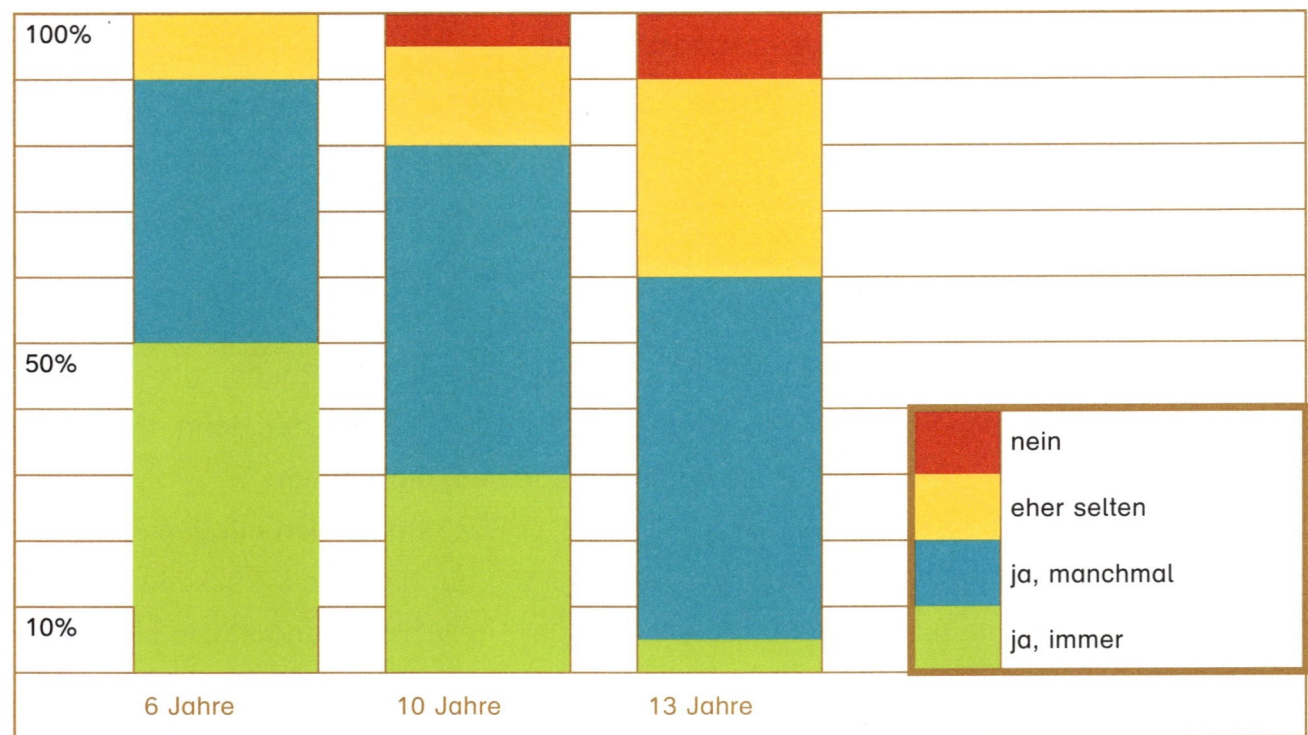

■ Was stimmt? Was stimmt nicht?
Kreuze an.

	stimmt	stimmt nicht
Je älter die Kinder sind, umso weniger Spaß haben sie am Lernen.	○	○
Bei den sechsjährigen Kindern lernen die meisten Kinder immer gern.	○	○
Bei den sechsjährigen Kindern gibt es kein Kind, das nicht gern lernt.	○	○
Der Spaß am Lernen nimmt im Laufe der Schulzeit zu.	○	○
Die Ergebnisse sind aus dem Jahr 2015.	○	○
Die meisten zehnjährigen Kinder haben nur manchmal Spaß am Lernen.	○	○

und du

■ Wann macht dir das Lernen Spaß?

_____

_____

ankreuzen, ob die Aussagen zum Schaubild passen oder nicht; Frage beantworten

Erzählabschnitte einteilen

Meistens hat der Hauptteil einer Geschichte drei Erzählabschnitte:
1. Situation: Es passiert etwas.
2. Problem: Ein Problem entsteht.
3. Lösung: Es gibt eine Lösung oder Erklärung.

■ Lies den Text und markiere die drei Erzählschritte im Hauptteil mit verschiedenen Farben.

STREIT AUF DEM NACHHAUSEWEG

Einleitung
Während die Lehrerin uns etwas über Plus- und Minusaufgaben erzählte, dachte ich nur an den Streit mit meinem Freund. Was war passiert?

Hauptteil
Gestern auf dem Nachhauseweg lagen auf der Straße zwei Euro. Mein Freund Tilo wollte sie unbedingt behalten. Das sah ich nicht ein und beschimpfte ihn. Er aber wollte das Geld nicht hergeben. Teilen wollte er auch nicht. Gerade als die Lehrerin vom Tausender erzählte, hatte ich eine Idee: Ich werde ihm vorschlagen, dass wir das Geld der Klassenkasse spenden.

Nach der Einleitung kommt der Hauptteil der Geschichte. Der Hauptteil braucht einen Spannungsbogen.

Warum?

Ein Spannungsbogen macht die Geschichte interessant.

■ Lies den folgenden Text. Markiere die Erzählabschnitte im Hauptteil. Welcher Erzählabschnitt fehlt in dem Text?
Kreuze an: 1. Situation ○   2. Problem ○   3. Lösung ○

DAS UNHEIMLICHE GERÄUSCH

Einleitung
Als Sascha gestern Abend gerade im Bett lag und schon fast eingeschlafen war, da hörte er dieses Geräusch zum ersten Mal. Was war das bloß?

Hauptteil
Sascha verkroch sich unter der Bettdecke und hoffte, dass das Geräusch von allein aufhören würde. Aber im Gegenteil: Es wurde immer lauter und unheimlicher.
Zu seinen Eltern wollte er bestimmt nicht gehen. Sie würden nur murmeln: „Das bildest du dir ein. Geh wieder schlafen."

Tipp:

Teile den Hauptteil in Erzählabschnitte ein.

■ Schreibe deine Idee für den fehlenden Erzählabschnitt auf.

_____

_____

_____

Erzählabschnitte markieren, fehlenden Erzählabschitt ergänzen

35

Höhepunkte einbauen

Der Höhepunkt einer Geschichte ist eine besonders spannende Stelle im Text.
Die Leser wollen an dieser Stelle unbedingt wissen, wie es weitergeht.
Oft passiert am Höhepunkt etwas Überraschendes, womit die Leser nicht gerechnet haben.

Tipp:

Schreibe so, dass es im 2. oder 3. Erzählabschnitt einen Höhepunkt gibt.

■ Wo ist der Höhepunkt in diesem Text?
Markiere die Stelle, an der du dachtest: Was passiert wohl jetzt?

> ### DER SCHATZ VOM EULENSEE
> ### TEIL 1
>
> **Einleitung**
> Wenn sein Vater am Wochenende Zeit hatte, fuhr er mit Benni zum Angeln an den Eulensee. Dieses Wochenende hatte er Zeit. Benni war gespannt: Was würde er wohl diesmal fangen?
>
> **Hauptteil**
> Am See angekommen suchten sie sich zuerst einen Platz.
> Hier stellten sie den Picknickkorb hin und hielten die Angeln ins Wasser. Lange Zeit passierte überhaupt nichts.
> Auf einmal merkte Benni, dass sich seine Angel bewegte.
> Er schrie ganz aufgeregt: „Hilfe! Meine Angel ist so schwer.
> Ich kann sie nicht hochziehen." Sein Vater rannte zu ihm.
> Zusammen holten sie einen dicken Fisch an Land.

■ Erzähle die Geschichte über den Schatz vom Eulensee weiter.
Schreibe eine Fortsetzung mit überraschendem Höhepunkt auf.

> ### DER SCHATZ VOM EULENSEE
> ### TEIL 2
> Eine Woche später fuhr Benni mit seinem Vater wieder an den Eulensee. Was würde wohl dieses Mal passieren?
>
> _____
>
> _____
>
> _____
>
> _____
>
> _____
>
> _____

den Höhepunkt markieren, eine überraschende Wendung aufschreiben über Gefühle, Gedanken, Interessen erzählen

Beschreibe bei den Hauptfiguren, was sie denken und fühlen.
So können sich die Leser die Figuren gut vorstellen.

■ Was denkt und fühlt Benni?
Ergänze die Geschichte. Die Fragen in den Sprechblasen helfen dir.

Tipp:

Erzähle von den Hauptfiguren, was sie denken und fühlen und was sie interessiert.

DER SCHATZ VOM EULENSEE

Wenn sein Vater am Wochenende Zeit hatte, fuhr er mit Benni zum Angeln an den Eulensee. Dieses Wochenende hatte er Zeit. Benni war gespannt. Was würde er wohl diesmal fangen?

Am See angekommen, suchten sie sich zuerst einen Platz.

Was gefiel Benni an dem Platz besonders?

_____

_____

Hier packten sie den Picknickkorb aus und hielten ihre Angeln ins Wasser.
Lange Zeit passierte überhaupt nichts.

Wie ging es Benni dabei?

_____

_____

Plötzlich schrie Benni: „Hilfe, an der Angel ist ein Riesenfisch!"

Was dachte Benni?

_____

_____

Benni und sein Vater zogen gemeinsam den Fang an Land. Der Riesenfisch war in Wirklichkeit eine alte Kiste mit einem dicken Schloss.

Was geht Benni durch den Kopf?

_____

_____

Sein Vater brauchte all seine Kraft, um die Kiste zu öffnen.
Voller Spannung sahen sie in die Kiste:
Sie war leer.

Wie ging es Benni?

_____

_____

Gedanken und Gefühle der Hauptfigur im Text ergänzen   **37**

Tipp:

Nutze Wörter,
die die Sinne
ansprechen.

Durch diese
Wörter bekommt
der Text
eine Stimmung.

> Wörter für die
> Sinne nutzen

Wörter für die Sinne beschreiben, wie etwas
aussieht, klingt, riecht, schmeckt oder sich
anfühlt. So entsteht eine Stimmung im Text.

■ Kreuze an, welche Sinne die Wörter ansprechen.
Es gibt manchmal mehrere Möglichkeiten.
Ergänze zwei weitere Wörter.

	sehen	hören	riechen	schmecken	fühlen
dunkel					
knarren					
stinken					
lecker					
Gänsehaut					
heiß					
duften					
quietschen					
weich					
eklig					
miefig					

■ Kreuze an, welche Stimmung du in diesem Text herstellen willst.
◯ unheimliche Gruselstimmung   ◯ fröhliche Ferienstimmung
Ergänze die Textlücken so, dass diese Stimmung entsteht.

DAS HAUS AM MEER

Das Haus sah wirklich _____ aus.

Hanna und ihr Hund Schnuffel gingen die

_____ Treppe zur Haustür hoch.

Die Haustür aus Holz war _____ .

Hanna öffnete die Tür. Ein _____ Geruch

nach _____ kam ihr entgegen.

Sie sah aus dem Fenster und hörte _____ .

Konfetti

LESETEXT:
Der alte Löwe und der Fuchs ▶ Seite 40 – 43   fertig am: _____

▶ Zum Lesen des Textes brauchst du den Lesebegleiter.

LESE-FITNESS ▶ Seite 44 – 46   fertig am: _____

TEXTLUPE: Ordnung ▶ Seite 47 – 48   fertig am: _____

TEXTE ORDNEN

▶ Karte Nr. _____

fertig am: _____

Lösungswort:

___ ___ ___ ___ ___ ___ ___

TANDEM-LESEN

▶ Karte Nr. _____

fertig am: _____

Lesepartnerin / Lesepartner:

_____

▶ Zur Einschätzung brauchst du den Lesebegleiter.

GEDICHTE VORTRAGEN

▶ Karte Nr. _____

fertig am: _____

Zuhörerin / Zuhörer:

_____

LERNALBUM ▶ Seite 83

▶ Hast du außerdem noch etwas geschrieben, gelesen oder vorgetragen?

Trage es im Lernalbum ein.

Das kann ich schon! (L4)
☆ ☆ ☆ ☆ ☆

Das kann ich schon! (T4)
☆ ☆ ☆ ☆ ☆

_____   _____
Schülerin/Schüler   Lehrerin/Lehrer

Lies den Text mithilfe der Leseschritte im Lesebegleiter.
Wörter mit einem * werden im Glossar ab Seite 81 erklärt.

Der alte Löwe und der Fuchs

Ein alter Löwe lag schwach und entkräftet in seiner Höhle.
Sein Appetit war zwar immer noch riesengroß, aber er konnte
nicht mehr selbst auf die Jagd gehen. Darum dachte er schon,
er müsse verhungern. In seiner Not überlegte er sich eine List:

5 Die Beute musste ganz einfach zu ihm kommen! Er ließ in
seinem Königreich verkünden, dass er sehr krank sei und sicher
bald sterben würde. Deshalb erwarte er seine Untertanen,
um sich von jedem persönlich zu verabschieden. So lag er also
vor seiner Höhle und jammerte: „Ich bin alt und gebrechlich!

10 Ich kann nicht mehr jagen, nicht einmal mehr richtig brüllen
kann ich!"
Die Tiere hörten vom Befehl des Königs und gehorsam
erschienen sie nacheinander vor seiner Höhle. Manche kamen
aus Mitleid, andere waren nur neugierig und wieder andere

15 kamen aus Schadenfreude: Sie wollten dem König der Tiere
beim Sterben zuschauen. Mit kleinen Geschenken gingen sie
einzeln zu ihm hinein. Aber kaum hatte ein Tier die Höhle
betreten, schnappte es sich der Löwe und fraß es auf.
Und so ging es ihm bald besser als je zuvor.

20 Ein schlauer und gerissener* Fuchs war eine Weile in der Nähe
der Höhle herumgeschlichen und hatte das Kommen der vielen
Tiere beobachtet. „Seltsam", dachte er, „so viele Tiere gehen
in die Höhle hinein, aber niemand kommt wieder heraus.
Die Höhle ist sicher groß, aber so riesig kann sie doch auch

25 nicht sein, dass alle Untertanen* darin Platz finden können.
Eigentlich müsste sie schon lange überfüllt sein!"
Vorsichtig trat der Fuchs also vor den Eingang und rief höflich:
„Herr König, ich wünsche Euch einen guten Abend und ewige
Gesundheit!" „Fuchs, du kommst aber sehr spät", stöhnte

30 der Löwe, als läge er wirklich schon im Sterben, „hättest du
noch einen Tag länger gewartet, so wärst du nur noch
einem toten König begegnet. Aber sei trotzdem

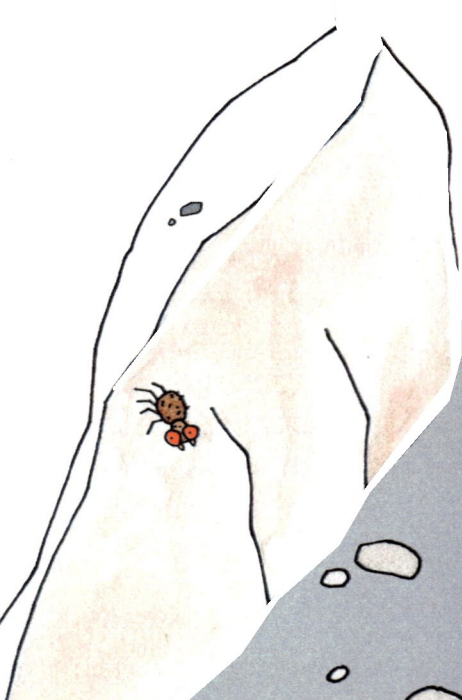

herzlich willkommen.

Erleichtere mir meine letzten Stunden mit deinen heiteren

35 Geschichten!" „Seid Ihr denn alleine?" fragte der Fuchs

mit gespieltem Erstaunen. Der Löwe antwortete brummig:

„Bisher kamen schon einige meiner Untertanen, aber sie haben

mich alle gelangweilt, darum habe ich sie wieder fortgeschickt.

Aber du bist lustig und immer voll von einfallsreichen Ideen.

40 Komm näher, ich befehle es dir!"

Doch der Fuchs gehorchte nicht und hielt Abstand zum Löwen.

Dann sprach er demütig*: „Mein König, ich würde Eurem Befehl

gerne folgen, wenn nicht unzählige Spuren im Sand in eure Höhle

hinein-, aber keine einzige Spur wieder hinausführen würde.

45 Und so verabschiedete sich der kluge Fuchs und ließ den Löwen

allein zurück.

nach Äsop

■ Teile den Text in vier Abschnitte ein.
Markiere das erste und das letzte Wort bei jedem Abschnitt farbig.
Schreibe die Nummer der ersten und letzten Zeile von jedem Abschnitt auf.

Abschnitt 1	Zu schwach zum Jagen	Zeile _____ bis Zeile _____
Abschnitt 2	Besuch der Tiere	Zeile _____ bis Zeile _____
Abschnitt 3	Der schlaue Fuchs	Zeile _____ bis Zeile _____
Abschnitt 4	Pech für den Löwen	Zeile _____ bis Zeile _____

■ Kreuze an, was stimmt.

Der alte Löwe

… ging selbst zur Jagd. ◯
… hatte Angst zu verhungern. ◯
… ließ verkünden, dass er krank sei und sterben würde. ◯

Die Tiere

… besuchten den Löwen aus Mitleid, Neugier oder
  Schadenfreude. ◯
… gingen zusammen zum alten Löwen. ◯
… brachten dem Löwen kleine Geschenke. ◯

In der Höhle

… erzählten die Tiere dem Löwen lustige Geschichten. ◯
… sahen die Tiere, wie schlecht es dem König ging. ◯
… wurden die Tiere gefressen. ◯

Der Löwe

… kam wieder zu Kräften. ◯
… wurde immer trauriger. ◯
… wurde immer schwächer. ◯

Der Fuchs

… hörte nicht auf den Befehl des Löwen näherzukommen. ◯
… erzählte dem Löwen lustige Geschichten. ◯
… vermutete, dass der Löwe die Tiere gefressen hatte. ◯

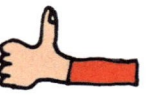 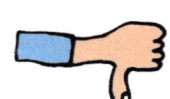

■ Was kannst du aus der Fabel vom Löwen und dem Fuchs lernen?
Kreuze alle passenden Aussagen an.

Vertraue immer den Befehlen anderer. ○

Habe nie Mitleid mit anderen. ○

Vertraue nicht jedem und denke immer zuerst nach, bevor du etwas tust. ○

Wenn du zu furchtlos bist, begibst du dich in Gefahr. ○

Traue niemandem, der etwas Schlechtes über deinen Freund sagt. ○

■ Die Geschichte „Der alte Löwe und der Fuchs" ist eine Fabel. Eine Fabel hat ganz
bestimmte, typische Merkmale. Prüfe, welche Merkmale auf die Geschichte vom
Löwen und Fuchs zutreffen und kreuze an.

In einer Fabel sind meistens zwei Tiere die Hauptpersonen. Die Tiere sprechen, handeln und verhalten sich wie Menschen.  ○	In einer Fabel werden menschliche Eigenschaften deutlich gemacht. Richtiges Verhalten, wie Mut oder Hilfsbereitschaft, wird gelobt, schlechtes wie Dummheit oder Neid wird verspottet oder kritisiert. ○
Der Dichter einer Fabel will, dass wir etwas über unser eigenes Verhalten lernen. Der Schlusssatz am Ende der Fabel sagt uns, welche Lehre das ist.  ○	Manchmal steht am Ende einer Fabel keine Lehre. Dann musst du selbst überlegen, was die Botschaft ist.  ○

■ Kennst du noch andere Fabeln? Schreibe die Titel auf.

_____

_____

Aussagen mit Textstellen belegen

43

■ Lies den Text einem Partnerkind vor. Setze beim Lesen die richtigen Wörter ein.

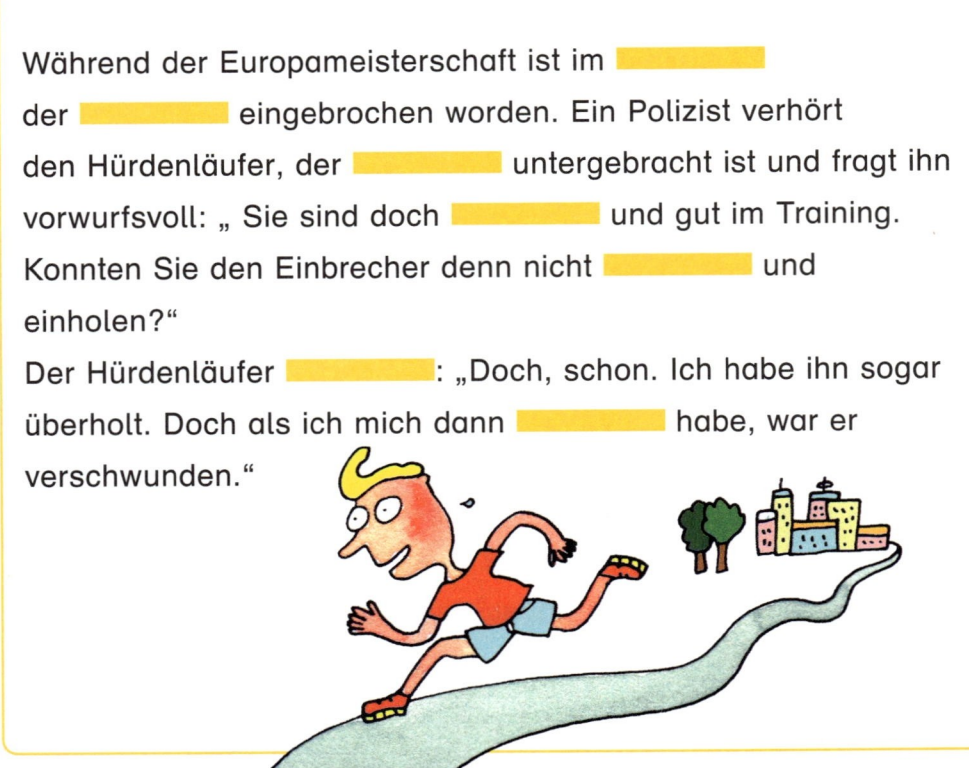

Während der Europameisterschaft ist im ▨▨▨▨

der ▨▨▨▨ eingebrochen worden. Ein Polizist verhört

den Hürdenläufer, der ▨▨▨▨ untergebracht ist und fragt ihn

vorwurfsvoll: „ Sie sind doch ▨▨▨▨ und gut im Training.

Konnten Sie den Einbrecher denn nicht ▨▨▨▨ und

einholen?"

Der Hürdenläufer ▨▨▨▨: „Doch, schon. Ich habe ihn sogar

überholt. Doch als ich mich dann ▨▨▨▨ habe, war er

verschwunden."

Wohnheim
Leichtathleten
nebenan
Hürdenläufer
verfolgen

antwortet
umgedreht

■ Versuche, den Text zu lesen. Lies ihn einem Partnerkind vor.

Woher kommt eigentlich die Redensart?

Jemanden auf dem Kieker haben

Ich kann nichts machen, ohne dass mein Mathelehrer es bemerkt!

Der hat mich schon die ganze Zeit auf dem Kieker!

Hat euch jemand „auf dem Kieker,

dann werdet ihr von ihm misstrauisch beobachtet

und er wartet darauf, dass er an euch rummeckern kann.

Fast so, als würdet ihr durch ein Fernrohr ganz genau betrachtet.

In der Seemannssprache heißt „Kieker" nämlich Fernrohr.

Und mit seinem Fernrohr kann ein Seemann alles

ganz genau anschauen und beobachten.

Aber Vorsicht: Lehrer brauchen kein Fernrohr,

um euch auf dem Kieker

zu haben!

oben: Text vorlesen und dabei die Lücken ergänzen,
unten: Text mit schwer lesbarer Schrift lesen

■ Lies den Text und kreuze die beiden richtigen Bilder an.

Mal anders: Der Wolf und die sieben Geißlein

Der Wolf klopfte zum dritten Mal an die Tür. Diesmal hatte er alles richtig
gemacht: Seine Stimme klang weich und seine Pfote war mit Mehl bestäubt.
Die sieben Geißlein öffneten die Tür und erschraken gewaltig, als sie sahen,
wen sie hereingelassen hatten. Schnell wollten sie sich verstecken.
Das erste Geißlein sprang unter den Tisch, das zweite versteckte sich
im Kühlschrank, das dritte kroch hinter den Ofen, das vierte kletterte in
den Schrank, das fünfte wollte sich hinter die Tür retten, das sechste duckte
sich in die Waschschüssel. Aber der Wolf fand sie alle und verschlang sie.
Nur das siebte Geißlein blieb vom Wolf verschont. Es hatte sich in der
großen Standuhr versteckt.

Nachgefragt: Welche Schlange kriecht nicht, beißt nicht und hat auch keine Giftzähne?

■ Schreibe die Wörter ohne die durchgestrichenen Buchstaben.

Dann bekommst du das Lösungswort: _____

oben: Text lesen und zum Text passende Bilder ankreuzen
unten: Bilderrätsel lösen

Welche Sprachen werden auf der Welt am häufigsten gesprochen?

■ Auf der Erde gibt es über 7000 Sprachen.
Diese zehn kommen am häufigsten vor.

■ Was stimmt? Was stimmt nicht?
Kreuze an.

	stimmt	stimmt nicht
Das Schaubild zeigt, welche Sprachen in Europa gesprochen werden.	○	○
Man sieht, welche zehn Sprachen am meisten gesprochen werden.	○	○
Die meisten Menschen sprechen Chinesisch.	○	○
Etwa gleich viele Menschen sprechen Spanisch und Englisch.	○	○
Etwa gleich viele Menschen sprechen Russisch und Arabisch.	○	○
Deutsch steht an zehnter Stelle der gesprochenen Sprachen.	○	○

und du

■ Welche Sprache würdest du gern sprechen können?
Schreibe auf und begründe.

_____

_____

46   ankreuzen, ob die Aussagen zum Schaubild passen oder nicht; Frage beantworten

Gefühle, Fragen oder Gedanken aufschreiben

Das kannst du am Schluss schreiben:

- wie es den Hauptfiguren danach geht,
- was die Leser aus der Geschichte lernen können,
- eine Frage zum Weiterdenken.

Nach dem Hauptteil kommt der Schluss der Geschichte.

Warum?

Ein guter Schluss ist wie ein schöner Nachtisch. Er macht die Geschichte rund.

■ Schreibe zu jedem Textbeispiel die passende Nummer.

1   Hier erfahren die Leser wie es den Hauptfiguren nach der Geschichte geht.

2   In diesem Beispiel werden die Leser mit einer Frage aufgefordert, sich auszudenken, wie die Geschichte weitergeht.

3   Bei diesem Schluss wird beschrieben, was die Leser aus der Geschichte lernen können.

Textbeispiele für einen Schluss

Tipp:

Beschreibe am Schluss, wie es den Hauptfiguren danach geht.

☐ Zuerst waren Benni und sein Vater enttäuscht. Sie haben den ganzen Picknickkorb leer gegessen. Aber auf der Heimfahrt haben sie Tränen gelacht.

☐ Felix schmuggelt die Katze heimlich in sein Bett. Hoffentlich merkt Mama nicht gleich etwas. Ob er sie wohl behalten darf?

☐ Sie lebten glücklich und zufrieden. Und wenn sie nicht gestorben sind, dann leben sie noch heute.

Oder stelle eine Frage, die den Leser zum Weiterdenken auffordert.

☐ Was dir heute nutzt, das kann dir schon morgen schaden. Darum denke genau nach, bevor du handelst.

☐ So erlebte der Wolf am eigenen Leibe, was das Sprichwort bedeutet: Wer anderen eine Grube gräbt, fällt selbst herein.

Tipp:

Probiere verschiedene Schlusssätze aus. Entscheide dich für den Schluss, der dir am besten gefällt.

■ Lies den Text.

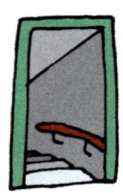

SILKES GEHEIMNIS

Alexa und Silke sind allerbeste Freundinnen. Sie sitzen in der Schule nebeneinander und treffen sich oft nachmittags. Deshalb hat Silke auch Alexa ihr neuestes Geheimnis erzählt. Alexa musste schwören, dass sie es für sich behält und niemandem erzählt.

Gestern wurde Silke von ihrem großen Bruder gefragt: „Sag mal, stimmt es, dass du im Keller ein Meerschweinchen versteckt hast?" Das war genau das Geheimnis, das Silke ihrer Freundin erzählt hatte. Alexa hatte sie also doch verraten. Aber Alexa hat es abgestritten, als Silke sie danach gefragt hat.

> Denke dir als Schluss eine Frage aus, die den Leser zum Weiterdenken auffordert.

> Schreibe einen Schluss, der beschreibt, wie es Silke geht.

> Schreibe zum Schluss auf, was man aus der Geschichte lernen kann.

■ Markiere den Schluss, der dir am besten gefällt.

zum Text verschiedene Schlusssätze schreiben

Konfetti

LESETEXT:
Das ist doch keine
Gruppenarbeit

▶ Seite 50 – 53   fertig am: _____

▶ Zum Lesen des Textes brauchst du den Lesebegleiter.

LESE-FITNESS

▶ Seite 54 – 56   fertig am: _____

TEXTLUPE: Sprache

▶ Seite 57 – 58   fertig am: _____

TEXTE ORDNEN

▶ Karte Nr. _____

fertig am: _____

Lösungswort:

___ ___ ___ ___ ___ ___ ___

TANDEM-LESEN

▶ Karte Nr. _____

fertig am: _____

Lesepartnerin / Lesepartner:

_____

▶ Zur Einschätzung brauchst du den Lesebegleiter.

GEDICHTE VORTRAGEN

▶ Karte Nr. _____

fertig am: _____

Zuhörerin / Zuhörer:

_____

LERNALBUM ▶ Seite 83

▶ Hast du außerdem noch
etwas geschrieben, gelesen
oder vorgetragen?

Trage es im Lernalbum ein.

Das kann ich schon! (L5)

☆ ☆ ☆ ☆ ☆

Das kann ich schon! (T5)

☆ ☆ ☆ ☆ ☆

_____   _____
Schülerin/Schüler   Lehrerin/Lehrer

■ Lies den Text mithilfe der Leseschritte im Lesebegleiter.

Das ist doch keine Gruppenarbeit

Es wäre alles gut gegangen, wenn nicht Patrick diesen Vorschlag
gemacht hätte.

„Oscar, du stehst vorne an der Tafel und zeigst auf die verschiedenen
Punkte, während ich das Ganze vortrage." „Und was mache ich?"

5 wollte José wissen.

„Na, ja ..." Patrick zögerte. „Du hast doch jetzt schon mitgearbeitet,"
sagte er dann.

José runzelte die Stirn. Patrick hatte ihn kaum zu Wort kommen
lassen und wenn, dann hatte er seine Vorschläge unfreundlich

10 abgewiesen.

Das hatte Frau Sommer sicher nicht gemeint mit Gruppenarbeit.

„Das find ich blöd. Dann denkt Frau Sommer bestimmt, ich habe
nicht viel mitgemacht", sagte José. Was ja auch stimmen würde,
dachte Patrick.

15

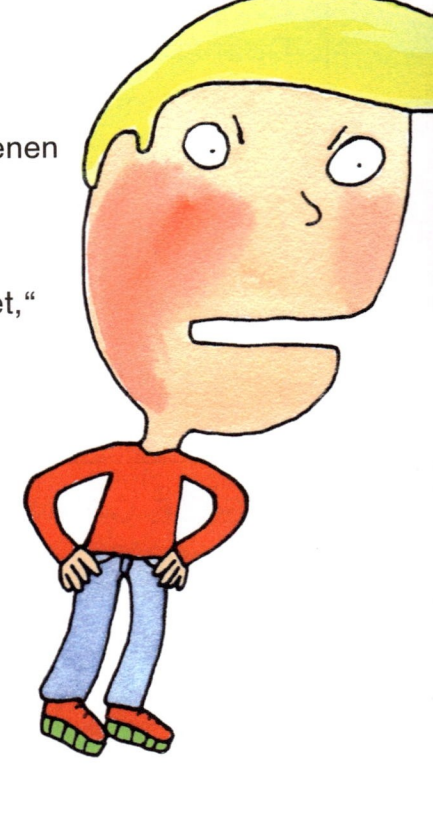

„Wieso tragen wir nicht abwechselnd vor?", versuchte Oscar
die beiden zu beruhigen. „Jaaaa, können wir natürlich machen",
sagte Patrick zögernd.

„Aber?" José gab sich kampfeslustig. Als Patrick nichts erwiderte,

20 fuhr José fort: „Sag doch, dass du mein Deutsch zu schlecht findest.
Sag es ruhig!"

Patrick druckste noch ein bisschen herum, sagte dann aber doch:
„Du musst zugeben, richtig toll ist es nicht."

„Das macht doch nichts", wunderte Oscar sich. „Sie kennen José

25 doch alle. Keiner wird etwas sagen." Und wenn, wär's mir egal,
dachte José. Ich weiß ja, dass sie hinter meinem Rücken lachen.

„Das wäre für José doch sogar ganz gut", fügte Oscar hinzu.
„Dann kann er seine Fünf etwas aufbessern."

30 „Und ich krieg dafür eine," knurrte Patrick.

„Du findest also, dass ich zu schlecht für dich bin?", wollte José
empört wissen.

„Nein", gab Patrick zurück, aber es klang alles andere als ehrlich.

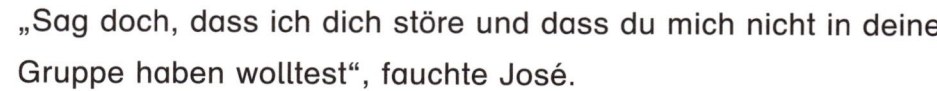

„Sag doch, dass ich dich störe und dass du mich nicht in deiner

35 Gruppe haben wolltest", fauchte José.

Immer wenn er sich aufregte, klappte es mit seiner Aussprache noch

weniger als sonst, weshalb er *Gruppeee* sagte und *aben* statt *haben*.

„Das ist es, was ich meine." Patrick wandte sich an Oscar.

„Wir kriegen alle eine schlechte Note – seinetwegen."

40 „Du spinnst doch", sagte Oscar empört. „Nur weil er nicht perfekt

Deutsch spricht, bekommen wir keine schlechte Note. Auf den Inhalt

kommt es an."

„Und auf den Vortrag", rief Patrick und warf den Bleistift so heftig

auf den Tisch, dass er von dort auf den Boden sprang.

45

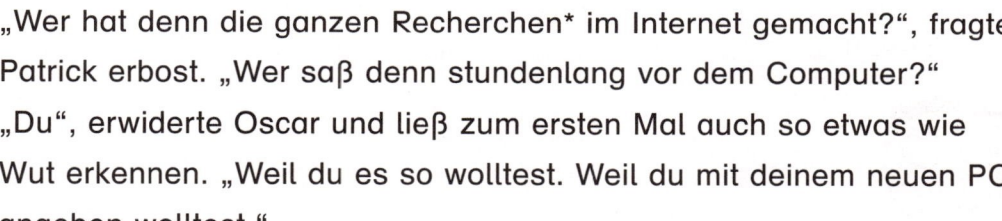

„Ich glaube, es kommt vor allem auf die Gruppe an", warf José ein.

„Dass wir zusammengearbeitet haben."

„Und? Haben wir zusammengearbeitet?", wollte Patrick wissen.

Oscar und José sahen sich erstaunt an. Auf was spielte er denn jetzt

50 wieder an?

„Wer hat denn die ganzen Recherchen* im Internet gemacht?", fragte

Patrick erbost. „Wer saß denn stundenlang vor dem Computer?"

„Du", erwiderte Oscar und ließ zum ersten Mal auch so etwas wie

Wut erkennen. „Weil du es so wolltest. Weil du mit deinem neuen PC

55 angeben wolltest."

„Weil du immer die erste Flöte spielen willst", sagte José.

„Es heißt „erste Geige", du Idiot", gab Patrick böse zurück.

„Ich bin kein Idiot!", schrie José. „Du hättest den Fehler mit deinen

doofen indischen Elefanten nie bemerkt."

60 „Da hat er recht", stimmte Oscar zu.

Patrick starrte beide böse an. Dann schnappte er sich seinen Block,

die beiden Plakate, die bis auf die Überschrift immer noch leer waren,

und sein Federmäppchen. „Macht doch, was ihr wollt", sagte er

65 gefährlich ruhig. „Ich halte den Vortrag eben allein."

„Das kannst du nicht machen," rief Oscar ihm hinterher.

„Wir sind doch eine Gruppe." „Gruppe? Pah!", machte Patrick

und verließ das Klassenzimmer.

Luisa Hartmann

■ Finde zu den Abschnitten Überschriften und schreibe sie in den Text.

Texte erschließen

● ●

■ Oscar hat zu Hause von dem Streit erzählt. Was hat er gesagt? Kreuze an.

> Wir sind doch eine Gruppe!

○ Ich wollte Patrick und José beruhigen.

○ Patrick hat mich wütend gemacht.

○ Ich glaube, dass Patrick nur angeben will.

○ Ich bewundere Patrick, weil er alles allein gemacht hat.

○ Ich finde, Patrick spinnt.

○ Es ist doch nicht schlimm, dass José noch nicht so gut Deutsch spricht.

■ José hat zu Hause erzählt, worüber er sich aufgeregt hat.
Schreibe auf, was er erzählt. Schreibe in der Ich-Form.

> Ich habe mich heute tierisch über Patrick aufgeregt.

Es hat mich aufgeregt, dass

_____

_____

_____

_____

■ Patrick erzählt zu Hause, warum er bei der Gruppenarbeit nicht mehr mitmachen will.
Schreibe auf, was er sagt. Schreibe in der Ich-Form.

> Ich finde Gruppenarbeit einfach doof!

_____

_____

_____

_____

Den Textinhalt mit eigenen Erfahrungen verbinden

Bei vielen Geschichten gibt es etwas, was dich an eigene Erlebnisse,
Gefühle oder Erfahrungen erinnert. Wenn du deine Erfahrungen mit der Geschichte
vergleichst, findest du heraus, wie du über den Inhalt denkst.

■ Was denken Patrick und Oscar über die Zensuren?
Schreibe die Namen der Kinder zu den Texten.

> Wir kriegen alle eine schlechte Note seinetwegen.

> Nur weil er nicht perfekt Deutsch spricht, kriegen wir keine schlechte Note.

■ Welche Erfahrungen hast du mit Zensuren in der Gruppenarbeit gemacht?

```
_____
_____
_____
_____
_____
```

und du

■ Wer denkt so? Schreibe die Namen der Jungen unter die Texte.

> Bei der Gruppenarbeit ist vor allem der Vortrag wichtig.

> Es kommt vor allem auf den Inhalt an.

> Ich glaube, es kommt auf die Gruppe und die Zusammenarbeit an.

_____ _____ _____

■ Was denkst du, worauf es bei der Gruppenarbeit ankommt?
Schreibe es auf und begründe deine Antwort.

```
_____
_____
_____
_____
```

und du

■ Lies den Text einem Partnerkind vor. Setze beim Lesen die richtigen Wörter ein.

Nach dem _____ gehen alle nach Hause.

Auch die Lehrerin macht sich auf den Weg, _____ sie noch

kurz im Lehrerzimmer war. Als sie den _____ verlässt,

trifft sie auf Jasmin, die am _____ wartet. Die Lehrerin

fragt sie: „Warum gehst du denn nicht nach _____,

Jasmin?"

Jasmin _____: „Frau Meier, Sie haben uns doch heute im

Unterricht _____, dass sich die Erde um sich selber dreht –

ich warte jetzt hier, bis unser _____

vorbeikommt!"

Unterricht
nachdem
Schulhof
Straßenrand
Hause
antwortet
erzählt
Haus

■ Versuche, den Text zu lesen. Lies ihn einem Partnerkind vor.

Woher kommt eigentlich die Redensart?

Sich etwas hinter die Ohren schreiben

„SchreibdirdashinterdieOhrenundtudasniewieder!"
Wenndudashörst, hastduvielleichtindenAugendeinerLehrer
größerenUnsinngemacht. Ohrfeigenbekommstdudafürabernicht.
Daswarfrüheranders. Eswarerlaubt, Kinderzuschlagen
undmanchmalwardieOhrfeigesogarnichtalsStrafe,
sondernnuralsErinnerungshilfegedacht.

FrüherkonntenvieleMenschenwederlesennochschreiben.
Verträgemusstensieabertrotzdemschließen,
dochweilmannichtsSchriftlichesalsBeweishatte,
brauchtemaneinenZeugen.
DeshalbnahmenElternihreKindermit.
UndweilsichderMenschdasbesondersgutmerkt,
wasmitSchmerzenverbundenist, wurdendieKinder
andenOhrengezogenodersogargeohrfeigt.
Soschriebensieesihnendirekt„hinterdieOhren".
Ganzschönfies …

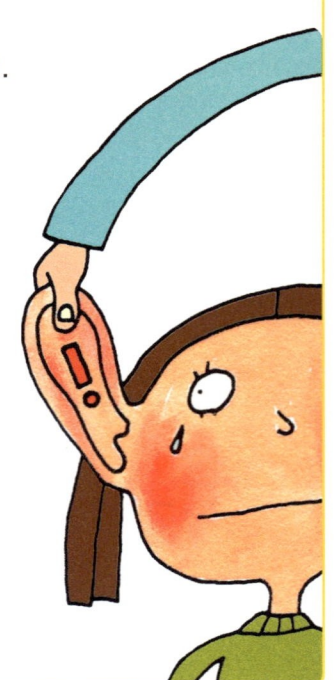

oben: Text vorlesen und dabei die Lücken ergänzen,
unten: Text mit schwer lesbarer Schrift lesen

■ Lies den Text und kreuze die beiden richtigen Bilder an.

Mal anders: Dornröschen

Als der Königssohn sich der Dornenhecke näherte, ging sie von selbst auseinander und ließ ihn unbeschädigt hindurch. Im Schlosshof sah er zwei Schimmel und die drei scheckigen Jagdhunde liegen und schlafen. Auf dem Dach saßen die Tauben auf der Satellitenschüssel und hatten die Köpfchen unter die Flügel gesteckt. Ein Küchenjunge war mit einem Krug auf dem Weg zum Brunnen, neben dem eine Magd auf einem Hocker saß. Vor ihr lag in einem Korb das schwarze Huhn, das gerupft werden sollte. Der Prinz überquerte den Hof und trat in den Thronsaal …

Nachgefragt: Was reist ständig kostenlos um die Welt?

■ Schreibe die Wörter ohne die durchgestrichenen Buchstaben.

Dann bekommst du das Lösungswort: _____

oben: Text lesen und zum Text passende Bilder ankreuzen
unten: Bilderrätsel lösen

Wie viele Bücher haben Kinder zu Hause?

■ Die Kinder der 4. Klasse wollten wissen, wie viele Bücher die Kinder zu Hause haben.
Sie haben eine Umfrage gemacht.

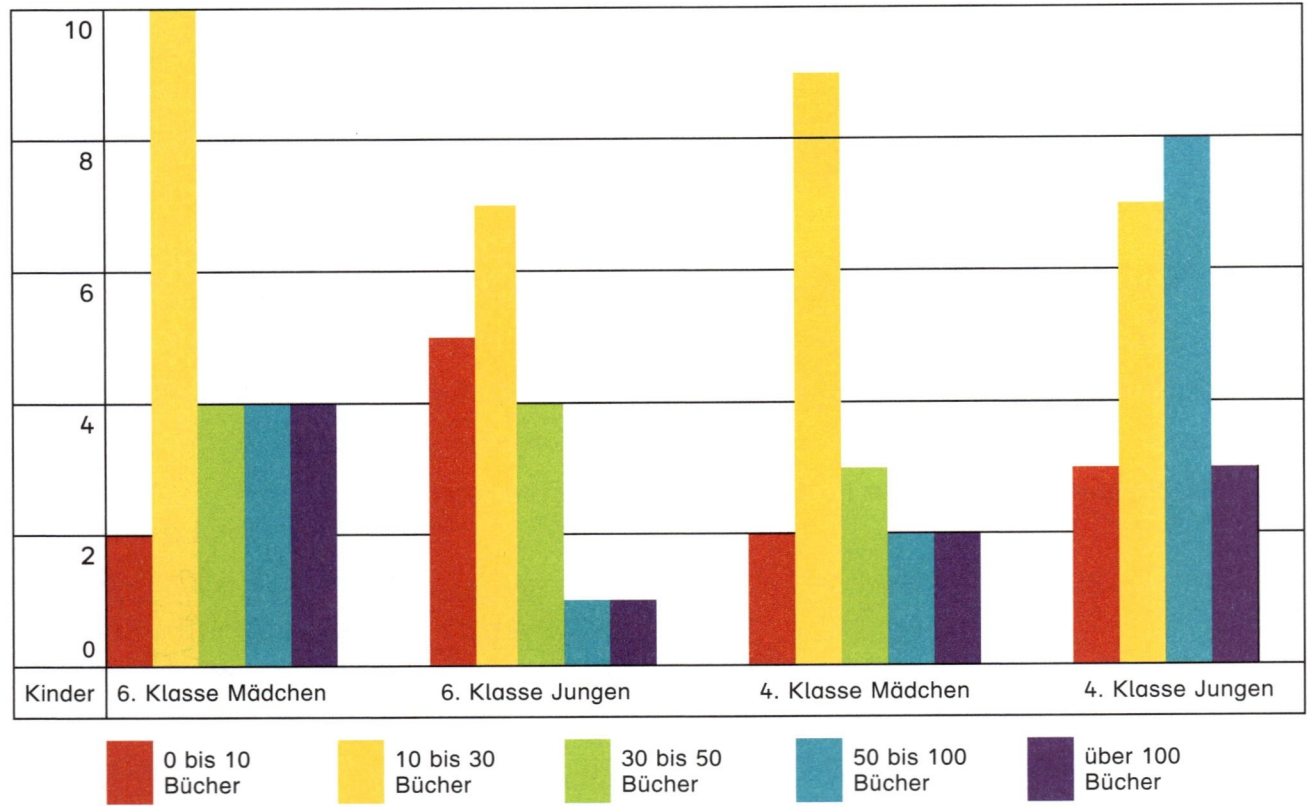

■ 0 bis 10 Bücher	■ 10 bis 30 Bücher	■ 30 bis 50 Bücher	■ 50 bis 100 Bücher	■ über 100 Bücher

■ Was stimmt? Was stimmt nicht?
Kreuze an.

	stimmt	stimmt nicht
Im Diagramm kann man ablesen, wie viele Bücher die Kinder besitzen.	○	○
Es wurden ausschließlich Kinder der 6. Klasse befragt.	○	○
Eine blaue Säule bedeutet, dass die Kinder etwa 20 Bücher besitzen.	○	○
Eine grüne Säule zeigt, dass die Kinder etwa 30 bis 50 Bücher besitzen.	○	○
Nur wenige Kinder haben mehr als 100 Bücher.	○	○
Kein Junge der 4. Klasse besitzt mehr als 100 Bücher.	○	○

■ Wie viele Bücher besitzt du ungefähr?

_____

_____

ankreuzen, ob die Aussagen zum Schaubild passen oder nicht; Frage beantworten

treffende Verben benutzen

Es gibt Verben, die genau beschreiben, was passiert. Und es gibt Verben, die nur ungenau beschreiben, was passiert.
Das sind Schwammwörter.
Der Inhalt bleibt ungenau und schwammig.

Schwammwörter bei den Verben sind:

 war  haben  machen  tun

■ Markiere in jeder Reihe das Verb, das die Tätigkeit genau beschreibt.

die Tür zumachen	– die Tür schließen
die Tür aufmachen	– die Tür öffnen
das Licht ausmachen	– das Licht ausschalten
ein Bild an die Wand machen	– ein Bild an die Wand hängen

■ Markiere die „Schwammwörter" im Text.

FERIEN

Dieses Jahr haben wir unsere Ferien an der Ostsee gemacht.
Auch am letzten Ferientag waren wir am Strand.
Meine Oma war im Liegestuhl. Ich war im Wasser.
Meine Schwester machte eine Sandburg.
Plötzlich war der Himmel ganz dunkel.
Wenig später war das Gewitter da.

■ Schreibe den Text ab und ersetze mindestens vier Schwammwörter durch treffende Verben. Manchmal musst du die Sätze etwas ändern.

Die Wörter in einer Geschichte sollen genau beschreiben, was gemeint ist.

Warum?

So kann sich der Leser oder die Leserin den Inhalt vorstellen.

Tipp:

Benutze Verben, die genau beschreiben, was passiert.

_____

_____

_____

_____

_____

_____

_____

treffende Adjektive benutzen

Auch bei den Adjektiven gibt es Schwammwörter. Sie beschreiben nur allgemein, wie etwas ist, aber sie sagen es nicht genau.

Tipp:

Benutze Adjektive, die genau beschreiben, wie etwas ist.

Schwammwörter bei den Adjektiven sind:

toll   gut   schön

■ Schreibe für die markierten Schwammwörter ein genaueres Adjektiv auf. Nutze die Wörterliste als Hilfe.

lesenswert • verständlich • aufregend • hervorragend
schmackhaft • beeindruckend • gesund • lecker
einwandfrei • vorzüglich

ein **gutes** Buch

ein **schöner** Vortrag

ein **tolles** Essen

■ Finde für die markierten Wörter genauere Verben oder Adjektive.

Jankos Picknick

Heute wollte Janko mit seiner Familie zum Picknicken fahren.
Beeile dich
„Mach schnell," rief seine Mutter, „wir warten schon.

Sieh mal nach, ob ich die Waschmaschine ausgemacht habe.

Und tu noch den Käsekuchen in den Picknickkorb."

Da klingelte das Telefon. Oma wollte erzählen, dass sie

gestern einen guten Film gesehen hat.

Danach fuhren sie endlich los. Das Wetter war schön.

Janko dachte gerade: Das ist ein tolle Fahrt!

Da hörte er ein Geräusch: Pffffff!!

Sein Fahrrad hatte einen Platten.

Jetzt musste Janko erst den Reifen heil machen.

Irgendwann haben sie alle doch noch gepicknickt.

Konfetti

LESETEXT:
Die Prinzessin auf
dem Kürbis

▶ Seite 60 – 65   fertig am: _____

▶ Zum Lesen des Textes brauchst du den Lesebegleiter.

LESE-FITNESS

▶ Seite 66 – 68   fertig am: _____

TEXTLUPE: Sprache

▶ Seite 69 – 70   fertig am: _____

TEXTE ORDNEN

▶ Karte Nr. _____

fertig am: _____

Lösungswort:

____ ____ ____ ____ ____

TANDEM-LESEN

▶ Karte Nr. _____

fertig am: _____

Lesepartnerin / Lesepartner:

_____

▶ Zur Einschätzung brauchst du den Lesebegleiter.

GEDICHTE VORTRAGEN

▶ Karte Nr. _____

fertig am: _____

Zuhörerin / Zuhörer:

_____

LERNALBUM ▶ Seite 83

▶ Hast du außerdem noch
etwas geschrieben, gelesen
oder vorgetragen?

Trage es im Lernalbum ein.

Das kann ich schon! (L6)
☆ ☆ ☆ ☆ ☆

Das kann ich schon! (T6)
☆ ☆ ☆ ☆ ☆

_____   _____
Schülerin/Schüler   Lehrerin/Lehrer

■ Lies den Text mithilfe der Leseschritte im Lesebegleiter.
Wörter mit einem * werden im Glossar ab Seite 81 erklärt.

Die Prinzessin auf dem Kürbis

Der Prinz warf seine Stiefel in die Ecke, dass es krachte, und rief:
„So eine Prinzessin kann mir gestohlen bleiben!" Der Prinz
war auf einer Hochzeit gewesen und die berühmte Prinzessin
5 auf der Erbse war die Braut. Durch hundert Matratzen hindurch
hatte die Prinzessin eine einzige, winzige Erbse erspürt.
So empfindlich war sie. „Empfindlich! Ha!", rief der Prinz.
„Ich will eine Prinzessin, die etwas aushält!"
Am nächsten Morgen ließ der Prinz ein Schild malen:

10

15 Das Schild ließ er an der Burgmauer anbringen, sodass es
weithin zu sehen war. Dann wurde die Zugbrücke hochgezogen
und eine Strickleiter heruntergelassen.
Wer auf die Burg wollte, musste auf der Strickleiter die Mauer
hochklettern. „Ein echter Prinz will verdient sein", sagte der Prinz.

**Ein echter Prinz
will verdient sein!**

20

Eines Nachts stand eine junge Frau auf der Burgmauer.
„He!", schrie sie laut. „Ist hier niemand zu Hause? Ich habe
Hunger und Durst! Und ich suche ein Bett zum Schlafen!"
Der Prinz und alle anderen Burgbewohner kletterten verschlafen
25 aus ihren Betten. „Bist du eine Prinzessin?", fragte der Prinz.
„Wenn du ein Prinz sein willst, dann bin ich eine Prinzessin."
Der Prinz gab ihr Wasser und Brot. Die Prinzessin trank den Krug
leer und aß das Brot mit wenigen Bissen.

30 Um zu sehen, ob die Prinzessin auch so empfindlich war wie die
Prinzessin auf der Erbse, hatte der Prinz ein besonderes Bett
vorbereiten lassen. Auf dem Boden lag eine Matratze und unter
die Matratze hatte der Prinz einen großen Kürbis geschoben.
Die Prinzessin betrachtete das seltsame Bett. „Na, dann gute
Nacht!", sagte sie. Sie gähnte herzhaft, legte sich mitsamt ihren
Kleidern auf die Matratze – und war auch schon eingeschlafen.
Der Prinz aber lag die ganze Nacht wach in seinem weichen Bett.
Er grübelte und grübelte, bis es hell wurde. Als der Prinz müde
und schlecht gelaunt zum Frühstück kam, saß die Prinzessin
schon bei Tisch und aß mit großem Appetit.
40 „Ich habe die ganze Nacht kein Auge zugetan", klagte der Prinz.
„Ich habe wunderbar geschlafen", sagte die Prinzessin.
„Es muss da nur etwas unter meinem Bett gewesen sein.
Aber ich war zu müde um nachzusehen."

**Eine echte
Prinzessin
will verdient sein!**

„Du bist eine Prinzessin nach meinem Geschmack!", sagte
der Prinz. „Willst du meine Frau werden?" Die Prinzessin
überlegte kurz. „So einfach geht das nicht!", sagte sie.
„Eine echte Prinzessin will verdient sein. Außerdem weiß ich
gar nicht, ob ich dich mag. Du bist laut und mürrisch. Du gibst
50 deinen Gästen Wasser und Brot. Und lässt sie auf harten
Betten schlafen." „Ich … ich kann auch anders", stotterte der
Prinz. „Ich lass mich gerne überraschen", sagte die Prinzessin
und biss herzhaft in einen Apfel.
Nach dem Frühstück zeigte der Prinz der Prinzessin seine Burg.
55 Ein kleines, verletztes Küken humpelte über den Hof. Der Prinz
nahm das Küken vorsichtig in die Hand. Er holte einen Strohhalm,
zog einen Bindfaden aus der Hosentasche und schiente das Bein.
Ganz behutsam waren die großen Finger des Prinzen. Als das
winzige Bein gut versorgt war, strich er leicht über den weichen
60 Flaum* des Kükens und setzte es wieder auf den Boden.
Die Prinzessin nickte zufrieden. „So ein Prinz gefällt mir schon
besser", sagte sie.

Text mithilfe des Lesebegleiters lesen

Beim Abendessen fragte die Prinzessin: „Magst du Musik?"
Der Prinz rief sofort seine Musikanten.
Sie flöteten und pfiffen und trommelten, dass sich die
65 Prinzessin die Ohren zuhielt. „Das nennst du Musik?", fragte sie.
Da schickte der Prinz die Musikanten fort, öffnete eine kleine
Truhe und nahm eine Geige heraus. Er setzte die Geige ans
Kinn, und dann führte er den Bogen so sanft über die Saiten,
dass alles im Raum zu klingen und schwingen begann.
70 Die Prinzessin hörte mit geschlossenen Augen zu, und hätte
schwören können, dass sie plötzlich mehrere Zentimeter
über dem Boden schwebte. Der Prinz hörte auf zu spielen und
beide waren eine ganze Weile still. „Ja", sagte die Prinzessin
dann. „Das ist Musik wie ich sie mag."
75

Als der Prinz am nächsten Morgen zum Frühstück kam,
hörte er die Leute unten im Hof lachen und klatschen.
Alle blickten zum Turm hinauf. Hoch oben stand die Prinzessin
auf einem selbst gezimmerten Gerüst und bemalte den Turm.
80 „Himmelblau ist meine Lieblingsfarbe!", rief sie, als sie den
Prinzen sah. Der Prinz überlegte nicht lange. „Warte, ich helfe
dir!", rief er. Gemeinsam bemalten sie den Turm. Danach
bemalten sie die ganze übrige Burg und jeder, der Lust hatte,
konnte mitmachen. An allen Ecken und Enden sah man,
85 dass die Burg immer schöner wurde. Nach drei Tagen ließ
der Prinz ein neues Schild an der Burgmauer anbringen.

Von nah und fern strömten die Hochzeitsgäste herbei.
Die Prinzessin auf dem Kürbis und ihr Mann, der Prinz,
tanzten die ganze Nacht. Sie tanzten und tanzten,
und wenn sie nicht irgendwann müde geworden sind,
dann tanzen sie noch heute.

Heinz Janisch

■ Teile das Märchen in sechs Abschnitte ein.
Markiere das erste und das letzte Wort bei jedem Abschnitt farbig.
Schreibe die Nummer der ersten und letzten Zeile von jedem Abschnitt auf.
Finde für jeden Abschnitt eine Überschrift und schreibe sie auf.

Abschnitt 1 Zeile _____ bis Zeile _____	
Abschnitt 2 Zeile _____ bis Zeile _____	
Abschnitt 3 Zeile _____ bis Zeile _____	
Abschnitt 4 Zeile _____ bis Zeile _____	
Abschnitt 5 Zeile _____ bis Zeile _____	
Abschnitt 6 Zeile _____ bis Zeile _____	

■ Was macht der Prinz? Was macht die Prinzessin?
Ergänze den passenden Satzanfang.

Der _____ zieht die Zugbrücke hoch.

_____ trinkt Wasser und isst Brot.

_____ schläft wunderbar.

_____ grübelt die ganze Nacht.

_____ ist laut und mürrisch.

_____ versorgt ein verletztes Küken.

_____ spielt auf der Geige.

_____ hört mit geschlossenen Augen der Musik zu.

Text in Abschnitte einteilen, Satzanfänge ergänzen

63

■ Stell dir vor, du machst als Reporterin oder Reporter ein Interview
mit der Prinzessin für eine Kinderzeitung.
Schreibe auf, was die Prinzessin auf die Fragen antworten würde.

> Warum hast du nicht gleich ja gesagt,
> als der Prinz gefragt hat, ob du ihn heiratest?

_____

_____

_____

> Was hat dir daran gefallen,
> wie der Prinz mit dem Küken umging?

_____

_____

_____

> Wie hast du dich gefühlt, als der Prinz
> auf der Geige spielte?

_____

_____

_____

■ Der Prinz war auf der Hochzeit der Prinzessin auf der Erbse gewesen.
Über diese Prinzessin auf der Erbse gibt es auch ein Märchen von
Hans Christian Andersen. Lies den Text.

Die Prinzessin auf der Erbse

Es war einmal ein Prinz, der wollte eine Prinzessin heiraten. Aber es sollte eine
echte Prinzessin sein. Eines Tages gab es ein Gewitter und es klopfte am Stadttor.
Der Prinz öffnete und draußen stand eine junge Frau. Sie sagte, dass sie eine
Prinzessin sei, und bat um ein Bett zum Schlafen.

5 „Das werden wir sehen, ob du eine Prinzessin bist", dachte die Mutter des Prinzen
und machte das Bett für die Prinzessin fertig. Auf den Boden des Bettes legte sie
eine Erbse. Auf die Erbse packte sie zwanzig Matratzen und darauf noch einmal
zwanzig Daunendecken.

Am nächsten Morgen wurde die Prinzessin gefragt, wie sie geschlafen hätte.

10 „Oh, entsetzlich!", sagte sie. „Ich habe die ganze Nacht kein Auge zugetan.
Etwas Hartes war in meinem Bett. Ich bin am ganzen Körper grün und blau."
Da freute sich die Mutter des Prinzen, denn jetzt war sie sicher, dass die Frau
eine echte Prinzessin war. Sie hatte durch so viele Matratzen und Decken
die Erbse gespürt. So feinfühlig konnte nur eine echte Prinzessin sein.

15 Da nahm der Prinz sie zur Frau.

■ Wie unterscheiden sich die Prinzessin
auf der Erbse und die Prinzessin
auf dem Kürbis?

■ Welche von den beiden
Prinzessinnen würdest du zu dir
nach Hause einladen?
Begründe deine Entscheidung.

_____   _____

_____   _____

_____   _____

_____   _____

_____   _____

_____   _____

■ Lies den Text einem Partnerkind vor. Setze beim Lesen die richtigen Wörter ein.

In der Tierhandlung will ein Mann einen _____ kaufen.
Der Verkäufer zeigt auf einen Käfig: „Das ist ein ganz _____
Tier, mein Herr. Dieser Papagei kann _____: Wenn man
an dem _____ an seinem rechten Bein zieht, spricht er
Englisch. Und wenn man an dem Bändchen _____, das an
seinem linken Bein befestigt ist, spricht er _____.

Der Kunde fragt: „Und was _____, wenn man an beiden
Bändchen _____ zieht?“

Darauf meldet sich der Papagei _____ zu Wort:
„So eine dumme Frage –
dann _____ ich von der Stange!“

Papagei
edles
Fremdsprachen
Bändchen
zieht
Französisch

passiert
gleichzeitig

genervt

falle

■ Versuche, den Text zu lesen. Lies ihn einem Partnerkind vor.

Woher kommt eigentlich die Redensart?

Die Flinte ins Korn werfen

Die Mathearbeit naht. Zusammen mit deinem Freund
rechnest du alle Aufgaben nochmal durch.
Nach einer Stunde Anstrengung reicht es dir:
„Keine Lust mehr, ich kapiere das nie!“
Doch dein Freund macht dir Mut:
„Nun wirf doch nicht gleich die Flinte ins Korn!
Komm, ich erkläre es dir noch einmal. Du schaffst das schon.“

Wenn du aufgibst, dann nennt man das „die Flinte ins Korn werfen“.
Diese Redewendung geht zurück auf Soldaten. Wenn sie sahen,
dass ihr Kampf aussichtslos war, warfen sie ihre Waffen weg und gaben auf,
anstatt ihr Leben weiter zu riskieren. Oft kämpften sie nämlich früher nur für Geld
und waren nicht unbedingt von der Sache überzeugt, für die sie kämpften.

oben: Text vorlesen und dabei die Lücken ergänzen,
unten: Text mit schwer lesbarer Schrift lesen

■ Lies den Text und kreuze die beiden richtigen Bilder an.

Mal anders: Schneeweißchen und Rosenrot

Im Frühling schickte die Mutter Schneeweißchen und Rosenrot in den Wald zum Holzsammeln. Auf der Wiese sahen sie eine Eiche, die gefällt am Boden lag. Am Stamm sprang etwas auf und ab. Als sie näher kamen, sahen sie einen Zwerg mit einem alten, zerfurchten Gesicht und einem langen, schneeweißen Bart. Das Ende des Bartes war in einer Baumspalte eingeklemmt. Der Zwerg glotzte die Mädchen an und rief: „Was steht ihr da herum? Kommt her und helft mir!" „Was ist denn passiert?", fragte Rosenrot. „Dumme, neugierige Gans!", schimpfte der Zwerg. „Mit meiner Kettensäge wollte ich den Baum spalten, da verklemmte sich mein Bart. So helft mir doch endlich aus meiner misslichen Lage, ihr Milchgesichter!"…

Nachgefragt: Welches Gemüse ist immer lustig?

~~rsche~~ ~~Bu~~ 📕 ~~Fed~~ 🪶 ~~Hamm~~ 🔨 👓 ~~rille~~ ~~E~~ 🐴 ~~l~~

■ Schreibe die Wörter ohne die durchgestrichenen Buchstaben.

Dann bekommst du das Lösungswort: _____

oben: Text lesen und zum Text passende Bilder ankreuzen
unten: Bilderrätsel lösen

Welche Tiere kommen besonders häufig in Kinderbüchern vor?

■ Viele Kinder lesen gern Tiergeschichten. Deshalb spielt in vielen Kinderbüchern ein Tier die Hauptrolle. In den Kinderbüchern der deutschen Nationalbibliothek kommen diese Tiere besonders häufig vor.

① Hund 1188   ② Pferd 848   ③ Pony 701   ④ Maus 697   ⑤ Katze 676

■ Was stimmt? Was stimmt nicht?
Kreuze an.

	stimmt	stimmt nicht
Katzen kommen in Kinderbüchern häufiger vor als Hunde.	○	○
In den meisten Büchern spielen Hunde die Hauptrolle.	○	○
Pferde kommen in Büchern seltener vor als Mäuse.	○	○
Es gibt mehr Bücher mit Pferden als mit Ponys.	○	○
Mäuse haben seltener die Hauptrolle als Katzen.	○	○
Ponys und Mäuse kommen ungefähr gleich häufig vor.	○	○
Am zweithäufigsten kommen Katzen in Büchern vor.	○	○

und du

■ Welche Bücher mit einem Tier in der Hauptrolle kennst du?
Schreibe die Titel auf.

_____

_____

ankreuzen, ob die Aussagen zum Schaubild passen oder nicht; Frage beantworten

> wörtliche Rede
> verwenden

Bei der wörtlichen Rede schreibst du genau auf, was jemand sagt.
Du schreibst so, wie die Figur es im Gespräch sagen würde.

Durch die wörtliche Rede werden Geschichten anschaulich und lebendig.

■ Kreuze alle Sätze an, bei denen eine wörtliche Rede vorkommt.

○ Als Julie nach Hause kommt, erzählt sie ihrem Papa aufgeregt, was heute beim Training passiert ist.

○ Als Julie nach Hause kommt, erzählt sie ihrem Papa aufgeregt: „Weißt du, was heute beim Training passiert ist?"

○ Ihr Vater antwortet: „Erzähl mal. Ich bin ganz Ohr."

○ Ihr Vater antwortet, dass sie erzählen solle.

Warum?

Bei der wörtlichen Rede entsteht der Eindruck, die Person spricht direkt mit dem Leser oder der Leserin.

■ Lies beide Texte. Kreuze an, welcher Text leichter zu verstehen ist.

○ Julie erzählt, wie Max mit ihr zum Training gegangen ist. Weil der Torwart fehlte, hat Max sich ins Tor gestellt. Julies Papa fragt genervt, was denn an dem allem so aufregend gewesen sein soll. Aber dann geht ihm ein Licht auf und er versteht, dass Julie jetzt Max auch noch nach der Schule sehen kann.

○ Julie erzählt: „Max ist mit mir zum Training gegangen. Und weil der Torwart fehlte, hat er sich ins Tor gestellt. Jetzt kommt er immer mit mir zum Fußballtraining." Julies Papa fragt genervt: „Und was ist jetzt daran so aufregend?" Aber dann geht ihm ein Licht auf: „Ach so, jetzt kannst du Max auch nach der Schule noch sehen!"

■ Kreuze alle Aussagen an, denen du zustimmst.

Bei Texten mit wörtlicher Rede ...

○ kann ich schneller verstehen, was gesagt wurde.

○ kann ich mir die Situation besser vorstellen.

○ ist der Text kürzer.

○ ist die Sprache so echt wie in Wirklichkeit.

○ wirken die Personen lebendiger.

○ ist der Inhalt interessanter.

Texte mit wörtlicher Rede markieren, Texte mit direkter und indirekter Rede vergleichen, passende Aussagen zur direkten Rede ankreuzen

Tipp:

Achte darauf, dass in deiner Geschichte an mehreren Stellen eine wörtliche Rede steht.

■ Schreibe den Text ab und ersetze dabei einige Stellen durch eine wörtliche Rede.

Mein Wochenende

Gestern Nacht kam mein kleiner Bruder in mein Zimmer und weckte mich. Ich war richtig verärgert und fragte ihn, was er wolle. Julian wollte wissen, ob ich nichts gehört hätte. Dann erzählte er, dass er unten im Kellereingang ein Geräusch gehört hätte wie Babygeschrei. Ganz furchtbar hätte sich das angehört. Genervt sagte ich zu ihm, er solle still sein und horchte. Ich erkannte das Geräusch sofort! Wie konnte man nur so dumm sein? Er hatte wirklich von nichts Ahnung! Also erklärte ich ihm, dass Kater eben manchmal nachts laut jammern und jaulen, wenn sie auf der Suche nach einer Partnerin sind.

Text abschreiben und an einigen Stellen eine wörtliche Rede einfügen

Konfetti

LESETEXT:
Wettlauf mit dem Tod
▶ Seite 72 – 75   fertig am: _____

▶ Zum Lesen des Textes brauchst du den Lesebegleiter.

LESE-FITNESS
▶ Seite 76 – 78   fertig am: _____

TEXTLUPE: Sprache
▶ Seite 79 – 80   fertig am: _____

TEXTE ORDNEN

▶ Karte Nr. _____

fertig am: _____

Lösungswort:

___ ___ ___ ___ ___ ___ ___

TANDEM-LESEN

▶ Karte Nr. _____

fertig am: _____

Lesepartnerin / Lesepartner:

_____

▶ Zur Einschätzung brauchst du den Lesebegleiter.

GEDICHTE VORTRAGEN

▶ Karte Nr. _____

fertig am: _____

Zuhörerin / Zuhörer:

_____

LERNALBUM ▶ Seite 83

▶ Hast du außerdem noch etwas geschrieben, gelesen oder vorgetragen?

Trage es im Lernalbum ein.

Das kann ich schon! (T7)

☆ ☆ ☆ ☆ ☆

_____   _____
Schülerin/Schüler   Lehrerin/Lehrer

■ Lies den Text mithilfe der Leseschritte im Lesebegleiter.

Wettlauf mit dem Tod

> SOS ++
>
> hier ist Nome ++
>
> Diphtherie-Epidemie*
>
> unausweichlich. ++ brauchen Serum als Gegenmittel ++
>
> 1 Million Einheiten ++

Der Bürgermeister von Nome ist verzweifelt, als er
diesen Funkspruch aus seiner einsam gelegenen Stadt
im Nordwesten Alaskas am 25. Januar 1925 in die
Hauptstadt der USA, nach Washington sendet. In nur wenigen
5 Tagen sind in Nome fünf Kinder an der hochansteckenden
Krankheit Diphtherie* gestorben. Der einzige Arzt der Stadt
hat keine Medikamente, aber ohne die werden mit jedem Tag
mehr Kinder sterben. Nur wie soll die lebensrettende Medizin
in die Stadt gebracht werden? Es herrscht tiefster Winter und

10 das bedeutet hier in Alaska: Schneestürme, eisige Temperaturen,
meterhoch Schnee und zugefrorene Seen.
Das Serum* gegen diese ansteckende Seuche lagert
in Anchorage (sprich: Änkoritsch) und kann in drei Tagen mit dem
Zug nach Nenana gebracht werden. Doch in Nenana ist Endsta-
15 tion für die Bahn und es sind noch mehr als 1000 km bis Nome.
Schiffe und Flugzeuge fahren nicht mehr, weil es so kalt ist. Die
Landstraßen sind durch die Schneemassen unpassierbar.
Dem Bürgermeister ist schnell klar, dass es nur noch eine einzige
Hoffnung gibt: Schlittenhunde! Sie könnten die kostbare Medizin
20 über den „Iditarod Trail", den uralten Hundeschlittenweg
der Indianer, nach Nome bringen.
Per Telegramm alarmiert er die besten Hundeschlittenführer, die
in den Dörfern entlang der Strecke leben. Sofort sind 20 Musher*
(sprich: Mascha) bereit, das kostbare Paket wie in einer Staffel
25 Tag und Nacht durch die Schneewüste zu transportieren.

Der erste Musher übernimmt mit seinen 19 Hunden die kostbare Fracht bei minus 50 Grad Kälte. Starker Wind und heftiges Schneetreiben nehmen ihm die Sicht. Voll und ganz muss er sich darauf verlassen, dass sein Leithund, das ist der erste Hund des

30 Schlittengespanns, die Orientierung behält. Verirrt sich der Leithund, werden die Medikamente niemals rechtzeitig ankommen.

Die längste und gefährlichste Strecke fährt Leonard Seppala mit seinem Leithund Togo. Statt den Landweg zu nehmen, riskiert er die Fahrt über das zugefrorene Meer, um die Strecke abzukürzen.

35 Drei Stunden nachdem er wieder Land erreicht hatte, bricht die Eisdecke krachend auseinander.

Noch achtzehn Mal wechselt das Paket den Hundeschlitten, bevor Gunnar Kaasen es am 1. Februar 1925 bei stockfinsterer Nacht übernimmt.

40 Ganz vorn kämpft sich sein Leithund Balto durch den Tiefschnee. „Vielleicht hätte ich Balto nicht als Leithund nehmen dürfen. Er ist so unerfahren. In dem Schneesturm wird er den Weg nach Nome nie finden", geht es Kaasen gerade durch den Kopf, da wird der Schlitten von einer Windböe umgerissen.

45 Ein schrecklicher Gedanke kommt ihm. Er greift nach dem Schlittenkorb. Hatte ausgerechnet er nach fast 1000 Kilometern das lebenswichtige Paket verloren? Immer hektischer und voller Angst sucht er nach dem Paket, bis er es in einer Schneewehe wiederfindet.

50 Am 2. Februar um 05:30 Uhr in der Früh herrscht in Nome Stille. Doch plötzlich kann man aus der Ferne Geräusche hören, die immer lauter werden. Die Menschen sehen aus ihren Fenstern und können das Wunder kaum glauben. Angeführt vom tapferen Leithund Balto erreicht Kaasen mit letzter Kraft die Stadt.

55 „Verdammt guter Hund", keucht er noch, bevor er erschöpft zusammenbricht. Dr. Welch, der Arzt im Ort, fängt Gunnar Kaasen auf. Keine einzige Ampulle* von dem lebensnotwendigen Serum ist zerbrochen.

Der Arzt ist überglücklich. Jetzt kann er die Kinder retten.

60 Und der Bürgermeister atmet auf.

■ Teile den Text in fünf oder sechs Abschnitte ein.

Markiere das erste und das letzte Wort bei jedem Abschnitt farbig.

Schreibe die Nummer der ersten und letzten Zeile von jedem Abschnitt auf.

Finde eine Überschrift zu jedem Absatz und schreibe die Überschrift auf.

Abschnitt 1 Zeile _____ bis Zeile _____	
Abschnitt 2 Zeile _____ bis Zeile _____	
Abschnitt 3 Zeile _____ bis Zeile _____	
Abschnitt 4 Zeile _____ bis Zeile _____	
Abschnitt 5 Zeile _____ bis Zeile _____	
Abschnitt 6 Zeile _____ bis Zeile _____	

■ Kreuze an, was stimmt. Es können auch mehrere Antworten richtig sein.

Nome ist ...

◯ die Hauptstadt der USA.

◯ in Alaska.

◯ der Name des Arztes.

Die Diphtherie in Nome ...

◯ war wie eine Erkältung.

◯ war ohne Gegenmittel tödlich.

◯ hat sich schnell verbreitet.

Der Iditarod-Trail ist ...

◯ der Seeweg nach Nome.

◯ die Autobahn nach Nome.

◯ ein Weg für Hundeschlitten.

Der Leithund ist im Schlittengespann ...

◯ der letzte Hund.

◯ der erste Hund.

◯ ein erfahrener Hund.

Der Leithund eines Hundeschlittens ist so wichtig, weil ...

◯ er den Weg auch im Schneesturm finden kann.

◯ er besonders schnell ist.

◯ er den Weg auch in der Nacht finden kann.

Text in Abschnitte einteilen und Überschrift zum Abschnitt aufschreiben;
richtige Satzergänzungen ankreuzen

■ Diese beiden Musher mit ihren Leithunden sind besonders bekannt geworden.
Schreibe auf, was das Besondere an ihrer Fahrt war.

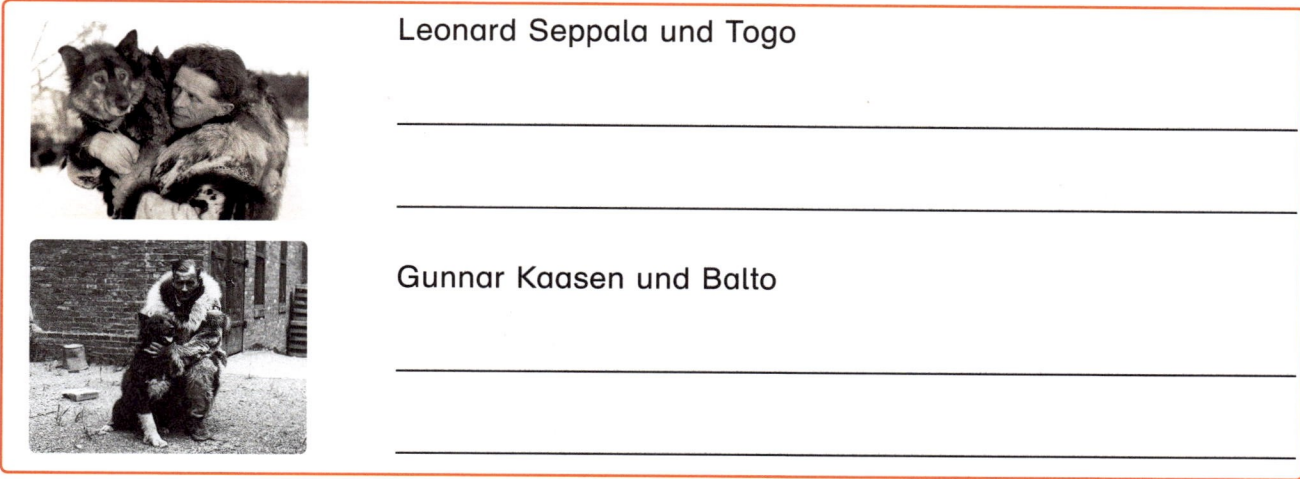

Leonard Seppala und Togo

_____

_____

Gunnar Kaasen und Balto

_____

_____

■ Finde eine Textstelle, die zum Bild passt. Schreibe sie ab.

Der Bürgermeister von Nome

Ich weiß nicht mehr weiter.

Aber ich muss eine Lösung für den Transport finden.

_____   _____

_____   _____

Sofort Telegramme rausschicken!

Es ist wie ein Wunder …

_____   _____

_____   _____

■ Lies den Text einem Partnerkind vor. Setze beim Lesen die richtigen Wörter ein.

Der Vater macht mit seinem Sohn einen ▭ zum Flugplatz. Gerade stehen sie vor einem ▭ und der Vater erklärt, wie es aufgebaut ist und wie es ▭: „Das da vorne ist der Propeller. Hannes, kannst du dir ▭, wozu der gut ist?" Hannes erwidert: „Ja, klar, der ▭ dafür, dass der Pilot nicht schwitzt!"

Der Vater fragt ▭: „So ein Quatsch, wie kommst du denn darauf?"
Hannes erklärt: „Im Fernsehen habe ich mir ▭ einen Film angeguckt, in dem ist bei einem Flugzeug der ▭ ausgefallen – da ist der Pilot ▭ schön ins Schwitzen gekommen!"

Ausflug
Sportflugzeug
funktioniert
vorstellen
sorgt

erstaunt

neulich
Propeller
ganz

■ Versuche, den Text zu lesen. Lies ihn einem Partnerkind vor.

Woher kommt eigentlich die Redensart?

Immer der Nase nach

•g•ntl•ch s•p•r! Kl•ss•nf•hrt! •b•r n•n l•f•n w•r s•mt •ns•r•n K•ff•rn sch•n f•st •n• St•nd• d•rch d•n W•ld. D•b• h•tt• d•r H•rb•rgsv•t•r d•ch g•s•gt: „G•ht n•ch d•m •sst•g•n •nf•ch •b•r d• Str•ß•, d•nn r•chts •nd •d•nn •mm•r d•r N•s• n•ch!"
W•s• w•r d•nn d•s Sch•ll•ndh•m •mm•r n•ch n•cht z• s•h•n?
V•ll•cht l•gt •s d•r•n, d•ss d•s Sch•ll•ndh•m m•d•rn• T•l•tt•n h•t!

D• R•d•w•nd•ng „•mm•r d•r N•s• n•ch" st•mmt näml•ch •s d•m M•tt•l•lt•r •nd h•t •n•n w•n•g •pp•t•tl•ch•n H•nt•rgr•nd. M•n g•b s• Händl•rn •d•r R•s•nd•n m•t •f d•n W•g, d• •f d•r S•ch• n•ch d•r nächst•n B•rg w•r•n. D•m•ls g•b •s k•n• •bw•ss•rr•hr• •nd d•s „kl•n• •nd gr•ß• G•schäft" w•rd• •nf•ch •m B•rggr•b•n •nts•rgt. •nd d•r st•nk d•nn b•ld s• sch•ßl•ch, d•ss Fr•md• d•n W•g z• •n•r B•rg schn•ll f•nd•n k•nnt•n.

oben: Text vorlesen und dabei die Lücken ergänzen,
unten: Text mit schwer lesbarer Schrift lesen

■ Lies den Text und kreuze die beiden richtigen Bilder an.

Mal anders: Das kleine Volk

Ein Schneider und ein Goldschmied wanderten zusammen. Eines Abends
vernahmen sie den wundervollen Klang einer fernen Musik. Sofort vergaßen
sie ihre Müdigkeit und schritten munter darauf zu. Als sie an den Hügel
gelangten, auf dem sie eine Menge kleiner Männer und Frauen erblickten,
war der Mond schon aufgegangen. Die kleinen Leute tanzten im Kreis und
hielten einander dabei an den Händen gefasst. In der Mitte des Kreises saß
ein alter Mann mit einem langen Bart. Der Mann war etwas größer als die
übrigen und hatte ein Mikrofon in der Hand. An seinem Gürtel hing ein breites
Messer. Die beiden Wanderer blieben voller Verwunderung stehen.
Doch der Alte winkte und das kleine Volk öffnete bereitwillig seinen Kreis …

Nachgefragt: Mit welchen Stichen kann man nicht nähen?

~~hle~~   ~~Schne~~ 🐌   ~~Blei~~ ✏️ ft   ~~Dra~~ 🪁 n

■ Schreibe die Wörter ohne die durchgestrichenen Buchstaben.

Dann bekommst du das Lösungswort: _____

oben: Text lesen und zum Text passende Bilder ankreuzen
unten: Bilderrätsel lösen

Bücher oder Computer?

■ Womit beschäftigen sich Kinder in ihrer Freizeit?
Dazu wurden 6 – 13-jährige Kinder befragt.

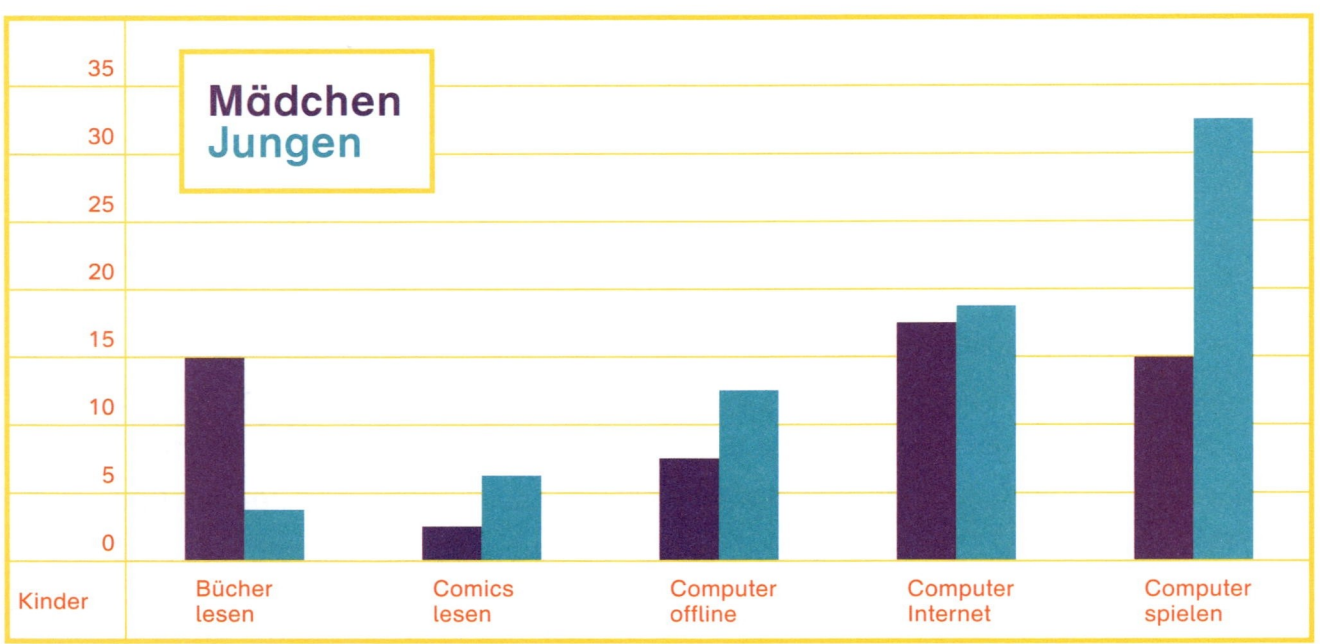

■ Was stimmt? Was stimmt nicht?
Kreuze an.

	stimmt	stimmt nicht
Das Diagramm zeigt, wie viele Kinder einen eigenen Computer haben.	○	○
Das Diagramm gibt Auskunft darüber, ob Kinder in ihrer Freizeit lieber lesen oder sich mit dem Computer beschäftigen.	○	○
Befragt wurden Jugendliche ab 13 Jahren.	○	○
Es wurden Kinder zwischen 6 und 13 Jahren befragt.	○	○
Die Mädchen lesen häufiger Comics als die Jungen.	○	○
Die Jungen lesen in ihrer Freizeit weniger Bücher als Mädchen.	○	○
Das Spielen am Computer ist bei den Kindern beliebter als das Lesen von Büchern.	○	○

■ Was kannst du am Computer machen, wenn er *offline* ist?

_____

_____

ankreuzen, ob die Aussagen zum Schaubild passen oder nicht; Frage beantworten

> bildhafte Adjektive verwenden

Bildhafte Wörter sind oft zusammengesetzte Adjektive. Beispiel: Das Wort „himmelblau" beschreibt die Farbe „blau" durch den Vergleich mit dem Himmel.

Sprache

Durch eine bildhafte Sprache wird eine Geschichte anschaulich.

■ Ergänze die Adjektive zu einem bildhaften Wort.

_____leicht   _____schnell   _____stark

Warum?

Durch die bildhafte Sprache hat der Leser oder die Leserin sofort ein Bild im Kopf.

■ Welcher Teil im Wort erklärt das Adjektiv genauer? Markiere.

> knochentrocken • zuckersüß • stockdunkel • schneeweiß
> eiskalt • steinhart • butterweich • kugelrund • hautnah
> rabenschwarz • kerzengerade • glasklar • haushoch

Tipp:

Finde zusammengesetzte Adjektive.

■ Ersetze die rot markierten Textstelle durch ein bildhaftes Adjektiv. Schreibe den Satz mit dem bildhaften Adjektiv auf.

Ich sollte Saft aus dem Keller holen. Ich war noch auf der Treppe, da ging das Licht aus. Es war sehr dunkel.

_____

Ich habe beim Preisausschreiben eine Karte für das Pop-Konzert gewonnen. Nach dem Konzert darf ich auch hinter die Bühne. Da kann ich die Stars ganz nah erleben.

_____

Beim Aufräumen sagt meine Mutter manchmal: „Sei nicht so lahm." Sie sollte mich mal nachmittags beim Fußballspielen sehen. Wenn ich am Ball bin, bin ich sehr schnell.

_____

Gestern haben wir gegen unsere Nachbarschule gespielt. Damit hatte keiner gerechnet: Unsere Gegner haben sehr hoch verloren. Oder anders gesagt: Wir haben sehr hoch gewonnen.

_____

zusammengesetzte Adjektive bilden,
markierte Textstellen durch bildhafte Adjektive ersetzen

Mit einem Vergleich kannst du
etwas genau beschreiben, zum Beispiel:
Sie kämpfte wie ein Tiger.
Der Vergleich mit dem Tiger verdeutlicht
das Verb „kämpfen".

Tipp:

Benutze im Text
an passenden
Stellen einen
Vergleich.

■ Was bedeuten die Vergleiche?
Schreibe die Nummer des Vergleichs zur Bedeutung.

VERGLEICH:

1	stumm sein wie ein Fisch	
2	ein Gedächtnis haben wie ein Elefant	
3	schimpfen wie ein Rohrspatz	
4	flink sein wie ein Wiesel	
5	essen wie ein Spatz	
6	stur sein wie ein Esel	

BEDEUTUNG:

○ sich schnell und geschickt bewegen

○ laut und lange schimpfen

○ sehr wenig essen

○ sich über lange Zeit erinnern

○ schweigen, nichts sagen

○ nicht nachgeben

■ Ersetze die rot markierten Textstelle durch einen Vergleich
und schreibe den Satz auf.

Meine Schwester quatscht den ganzen Tag. Gestern habe ich
versucht sie auszufragen, wie ihr neuer Freund heißt.
Da hat sie kein Wort gesagt.

_____

Mein Vater ist in Ordnung. Nur wenn ich mehr Taschengeld
haben will, wird es eng. Bei diesem Thema gibt er überhaupt
nicht nach.

_____

Heute wollte ich mir bei meiner Schwester ihr Fahrrad ausleihen.
Sie hat nein gesagt, weil letztes Mal hinterher die Klingel kaputt
war. Das ist über zwei Jahre her. Sie vergisst einfach nichts.

_____

Ich spiele oft mit meinem kleinen Bruder. Nur manchmal will ich
meine Ruhe haben und mache die Tür zu. Dann ist er nicht nur
beleidigt. Er schimpft auch laut und lange.

_____

Vergleich und Bedeutung zuordnen, markierte Textstellen durch Vergleiche ersetzen

In einem **Glossar** werden Wörter erklärt, die nicht jeder kennt.
Die Wörter im Glossar sind alphabetisch geordnet.

 A

Ampulle, die
Eine Ampulle ist ein kleiner Behälter aus
Glas oder Plastik, der fest verschlossen ist.
In einer Ampulle werden Flüssigkeiten,
z. B. Medizin, aufbewahrt.

Autorität, die
Eine Autorität ist eine Person mit
hohem Ansehen, z. B. ein Experte.
Was eine Autorität sagt, hat ein
besonders großes Gewicht.

 D

demütig
unterwürfig, ergeben: Demütig bat er
um Verzeihung.

Diphtherie, die
Diphtherie ist eine ansteckende Krankheit,
bei der die Mandeln entzündet sind.
Sie ist so gefährlich, weil der Hals
zuschwellen und der Kranke ersticken kann.

 E

Elektroingenieur, der
Ein Ingenieur ist ein Experte auf
dem Gebiet der Technik.
Ein Elektroingenieur ist ein Experte
in der Technik für elektrische Geräte
und Maschinen.

Epidemie, die
Eine Epidemie entsteht, wenn sich eine
ansteckende Krankheit schnell ausbreitet.
Ein anderes Wort für Epidemie ist Seuche.

Expedition, die
Eine Expedition ist eine Reise mit dem Ziel,
etwas zu erforschen.

 F

Flaum, der
Ein Flaum besteht aus weichen, zarten
Federchen oder Härchen: Ein Pfirsich
ist von einem Flaum bedeckt.

Fuß, der
Früher wurde ein Fuß zum Messen der
Länge verwendet. Den Fuß als Längenmaß
gibt es heute noch in der Seefahrt.
Ein Fuß entspricht 30,48 cm.

 G

Gasse, die
Ist der Weg zwischen den Häusern sehr
eng, wird der Weg auch Gasse genannt.

gerissen
Gerissen nennt man jemanden, der von anderen nicht überlistet werden kann.
Andere Wörter dafür sind: schlau, raffiniert,
clever oder listig.

Geschöpfe, die
Geschöpf ist ein anderes Wort für
Lebewesen.

 H

hänseln
Hänseln bedeutet, sich über jemanden
lustig zu machen, indem man ihn verspottet:
Sie hänselten ihn wegen seiner
Sommersprossen.

hektisch
Eilig, hastig: Sie suchte hektisch nach
ihrem Schlüsselbund.

Horizont, der
Steht man am Meer, sieht es so aus, als ob
sich Himmel und Erde berühren.
Diese Linie, an der sich Himmel und Erde
scheinbar berühren, wird Horizont genannt.

Internat, das
Ein Internat ist eine Schule, in der
die Kinder auch übernachten.
Sie fahren nur an Wochenenden
oder in den Ferien nach Hause.

kritisieren
Wenn du jemanden kritisierst, dann
bist du mit ihm oder dem, was er tut,
nicht einverstanden. Du hast etwas
an ihm auszusetzen. Etwas an ihm
gefällt dir nicht.

Kutter, der
Ein Kutter ist ein kleines Segel- oder
Motorboot zum Fischen.

Meile, die
In der Seefahrt wird die Entfernung in
Meilen und nicht in Kilometern gemessen.
Eine Seemeile ist 1,8 km lang.

Musher, der
Ein Musher (sprich Mascha) ist der Führer
eines Hundeschlittengespanns.

Nobelpreis, der
Alfred Nobel war ein schwedischer
Naturwissenschaftler. Er stiftete Geld
für einen Preis. Diesen Preis bekommen
Menschen für besonders hervorragende
Leistungen.

Physik, die
Die Physik ist eine Naturwissenschaft.
Sie erforscht den Teil de Natur, der nicht aus
Menschen, Tieren oder Pflanzen besteht,
z. B. die Eigenschaften des Wassers.

Planke, die
Eine Planke ist ein langes, dickes Brett,
das zum Bauen von Schiffen verwendet wird.

Recherche, die (sprich: Reschersche)
Das ist ein anderes Wort für „Informationen
sammeln". Bei einer Recherche werden
Informationen zu einem Thema gesammelt,
z. B. im Internet.

Serum, das
In diesem Text „Wettlauf mit dem Tod"
ist mit Serum ein Impfstoff gemeint.

Untertan, der
Ein Untertan ist ein unfreier Mensch. Er
muss seinem König oder Fürsten gehorchen.

vegetarisch
Nahrung, die kein Fleisch enthält,
ist vegetarisch.

Vorkommnis, das
Das ist ein ungewöhnliches Ereignis,
das nicht jeden Tag passiert.

Windböe, die
Eine Windböe ist ein plötzlicher, heftiger
Windstoß: Eine Windböe ließ das Boot
kentern.

Hier kannst du festhalten, was du sonst noch geschrieben, gelesen,
vorgetragen, gehört oder gesehen hast. Zum Beispiel: Gedichte, Bücher,
Filme, Hörspiele, Theaterstücke, Vorträge …
Schreibe Datum, Thema oder Titel auf und gib eine kurze Einschätzung.

LERNALBUM

In jedem Kasten eine mündliche oder schriftliche Aktivität aus dem Deutschbereich dokumentieren

L = Lesen
T = Texte verfassen

L1 Ich kann einen Text in Abschnitte einteilen.

L2 Ich kann Informationen aufeinander beziehen.

L3 Ich kann eine Figur aus einer Geschichte charakterisieren.

L4 Ich kann die zentrale Aussage eines Textes erschließen.

L5 Ich kann Textinhalte auf eigene Erfahrungen beziehen.

L6 Ich kann Aussagen zu einer Tabelle überprüfen.

T1 Ich kann eine Geschichte planen.

T2 Ich kann Schreibtipps für die Einleitung nutzen.

T3 Ich kann Schreibtipps für den Hauptteil nutzen.

T4 Ich kann Schreibtipps für den Schluss nutzen.

T5 Ich kann treffende Verben und Adjektive auswählen.

T6 Ich kann an passenden Stellen die wörtliche Rede verwenden.

T7 Ich kann eine bildhafte Sprache verwenden.

LERNALBUM

LERNALBUM

In jedem Kasten eine mündliche oder schriftliche Aktivität aus dem Deutschbereich dokumentieren